Kadotettujen tavoittaminen

Hengen miekka -kirjasarja:

1 *Toimiva rukous*
2 *Hengen tunteminen*
3 *Jumalan hallintavalta*
4 *Elävä usko*
5 *Jumalan kirkkaus seurakunnassa*
6 *Palveleminen Hengessä*
7 *Isän tunteminen*
8 *Kadotettujen tavoittaminen*
9 *Jumalan tunteminen*
10 *Pojan tunteminen*
11 *Pelastus armosta*
12 *Palvonta Hengessä ja totuudessa*

www.swordofthespirit.co.uk

Copyright © 2018 Colin Dye
ISBN: 978-1-912296-13-2

Ensimmäinen painos
Kensington Temple
KT Summit House
100 Hanger Lane
London, W5 1EZ

Kaikki oikeudet pidätetään. Tämän julkaisun tai sen osan jäljentäminen tai tallentaminen ilman tekijän kirjallista lupaa painamalla, monistamalla, äänittämällä, sähköisesti tai muulla tavoin on tekijänoikeuslain mukaisesti kielletty.

Raamatun lainaukset ovat vuoden 1992 käännöksestä, ellei toisin mainittu.

Suomennos: Christina Kotisaari
Taitto: Marko Joensuu
Kansi: Yewhung Chin

Hengen miekka

Kadotettujem tavoittaminen

Colin Dye

Sisällysluettelo

Johdanto		7
1	Evankeliointi	11
2	Kadotetut	31
3	Evankelioinnin motiivit	45
4	Evankelioinnin sanoma	57
5	Henkilökohtainen evankeliointi	91
6	Seurakunnan evankeliointityö	107
7	Evankeliointi ja opetuslapseus	123
8	Evankeliointi ja Henki	139
9	Evankeliointi ja rukous	155

Johdanto

Todellisen seurakunnan suurin intohimo ja tarkoitus on lähetystyö. Aivan kuten jokainen tuli on olemassa palaakseen, samoin jokaisen seurakunnan tulisi olla pyhä roihu, joka pyrkii tavoittamaan ympärillään olevia ihmisiä Jumalan äärettömällä armolla ja rakkaudella. Jokainen seurakunta joko levittää evankeliumia tai tukahtuu häpeässä, noudattaa lähetyskäskyä tai esittää, ettei se kuulu sille, ja tavoittaa kadotettuja tai jättää heidät hukkumaan. Keskitietä ei ole.

Jumala on antanut vastuullemme kiireellisen tehtävän puhua hänen täydellisen anteeksiannon sanomaansa sellaisilla sanoilla, joita ihmiset voivat ymmärtää, osoittaa todeksi hänen myötätuntoista voimaansa sellaisilla teoilla, joita ihmiset voivat nähdä, ja tuoda lihaksi hänen elämää antava evankeliuminsa elämällä sellaista elämää, joka saa ihmiset häikäistymään hänen pyhyydestään.

Kukaan ei koskaan väittänytkään, että tämä olisi helppoa – tiedämme, että se maksoi Jeesukselle hänen elämänsä ja että lähetystyötä tekevät seurakunnat ovat aina joutuneet kohtaamaan lannistamista ja vastustusta. Aina on niitä ihmisiä, jotka eivät halua kuulla sanaakaan Jeesuksesta, sekä niitä, jotka pyrkivät sammuttamaan tulemme tai sulkemaan suumme.

Viimeisten 60 vuoden aikana on pidetty tuhansia konferensseja ja kursseja sekä tehty tuhansia kirjoja ja videoita evankelioinnista – ja silti Jumalan seurakunta on edelleen pitkälti toimettomana ja maailma suurimmaksi osaksi tavoittamatta. Koska tehtävä on niin kiireinen ja tarve niin suuri, vaikuttaa lähestulkoon väärältä pyytää ketään järjestämään aikaa evankelioinnista oppimiseen. Seurakunta ei kuitenkaan voi saada takaisin intoaan tehdä lähetystyötä,

Kadotettujen tavoittaminen

ennen kuin se on kysynyt joitakin hyvin olennaisia kysymyksiä ja saanut vastauksia niihin. Ovatko ihmiset todella kadotettuja? Välittääkö Jumala erikseen aivan joka ikisestä 7,5 miljardista tällä hetkellä elossa olevasta ihmisestä? Onko evankeliumi aidosti hyvä sanoma? Voivatko ihmiset muuttua sisimmiltään? Oliko Jeesuksen kuolemalla todellisuudessa mitään merkitystä? Nousiko hän kirjaimellisesti kuolleista? Tuomitseeko hän todella kaikki ihmiset eräänä päivänä? Jos vastaus näihin kysymyksiin on järkisyin perusteltava "kyllä", lähetystyö tai evankeliointi on ainoa järkeenkäypä johtopäätös.

Tämä kirja on tarkoitettu uskoville, jotka ovat valmiit laittamaan syrjään omat käsityksensä evankelioinnista ja jotka ovat innokkaita opiskelemaan Jumalan Sanaa ymmärtääkseen, mitä Jumala haluaa ilmoittaa meille meidän tehtävästämme. Meidän täytyy ottaa selville, mitä Raamattu opettaa kadotetuista, mitä se paljastaa itse hyvästä sanomasta ja kuinka se kuvailee seurakuntaa, joka tavoittaa kadotettuja evankeliumilla.

Oppimisen tueksi on myös olemassa oheismateriaalia, jonka löydät vastaavasta *Sword of the Spirit Student's Handbook* -käsikirjasta sekä nettisivulta *www.swordofthespirit.co.uk* (englanninkielisenä, suom. huom.). Käsikirjassa on täydentävää opetusta tämän kirjan jokaisesta luvusta sekä *keskustelunaiheita* ja *tietovisoja*. Kun rekisteröidyt nettisivulle, saat käyttöösi lisää tietovisoja ja kokeita. Nettisivulta löydät myös tämän kirjan tekstin, jossa on linkit kaikkiin tekstissä esiintyviin Raamatun jakeisiin, sekä ääni- ja videotiedostoja. Nämä lisämateriaalit auttavat sinua kertaamaan, painamaan mieleesi ja soveltamaan tässä kirjassa oppimiasi asioita.

Voit myös käyttää *Student's Handbook* -käsikirjaa pienryhmissä. Valitse rukoillen ne osiot, joiden uskot parhaiten soveltuvan omalle ryhmällesi. Joissakin tapaamisissa voitte siis käyttää kaikkea käsikirjan materiaalia ja toisissa vain osia siitä. Käytäthän maalaisjärkeäsi ja hengellistä näkökykyäsi. Voit

Johdanto

myös vapaasti kopioida näitä sivuja ja jakaa niitä johtamillesi ryhmille.

Rukoukseni on, että päästyäsi tämän kirjan loppuun ymmärtäisit paljon paremmin, mitä tarkoitusta varten Jumala lähettää meidät maailmaan evankeliuminsa kanssa, millaisilla eri tavoilla meidän tulisi levittää evankeliumia ja millaisia keinoja Jumala on antanut meille varustaakseen meidät tähän tehtävään. Erityisesti rukoilen sitä, että tulet niin vakuuttuneeksi evankeliumin totuudesta, niin varustetuksi Hengen voimalla ja niin Isän rakkauden motivoimaksi, että alat tavoittaa ympärilläsi olevia kadotettuja ja kärsiviä ihmisiä evankeliumin tehokkuudella.

Colin Dye

Osa 1

Evankeliointi

Tämä *Hengen miekka* -kirjasarjan kahdeksas osa käsittelee raamatullista evankeliointia. Se on kuitenkin nimeltään *Kadotettujen tavoittaminen*, sillä monet uskovat eivät tunnu täysin ymmärtävän, mitä evankeliointi todellisuudessa on. Tällaiset uskovat ajattelevat sen tarkoittavan ainoastaan suuria evankeliointitapahtumia, traktaattien jakamista, television saarnaajia ja oville koputtelemista. He eivät tunnu ymmärtävän uusitestamentillisen lähetystön syvyyttä, leveyttä ja kaleidoskooppimaista moninaisuutta.

Jotkut uskovat tuntuvat ajattelevan, että evankeliointi kannattaa jättää siihen erikoistuneille evankelistoille. Toiset taas tuntuvat sekoittavan sen evankelikalismiin: he pitävät hyvän sanoman levittämistä samana asiana kuin yhden tietyn kristillisen tradition käsityksiä. Jos kuitenkin haluamme olla tavoittamassa kadotettuja Jumalan tarkoittamalla tavalla, meidän täytyy ymmärtää, mitä Jumala on Raamatussa evankelioinnista ilmoittanut.

Mitä evankeliointi on?
Viimeisten yhdeksänkymmenen vuoden aikana on käyty paljon väittelyä ja keskustelua siitä, mitä "evankeliointi" tarkoittaa. Sille on ehdotettu useita painavia määritelmiä, jotka kaikki eroavat hieman painotuksissaan.

Arkkipiispan tutkimuskomissio laati vuonna 1918 tiedotteen Englannin kirkon evankelioivasta työstä. Siinä määriteltiin, että evankeliointi on Jeesuksen Kristuksen edustamista Pyhän Hengen voimassa, niin että ihmiset laittaisivat luottamuksensa hänen kauttaan Jumalaan, hyväksyisivät hänet pelastajanaan ja palvelisivat häntä kuninkaanaan seurakunnan yhteydessä.

Kadotettujen tavoittaminen

Tämä kuuluisa määritelmä korostaa hyvin selventävällä tavalla, että evankelioinnissa on kyse:

◆ tietyn sanoman julistamisesta

◆ Pyhään Henkeen turvautumisesta

◆ Jeesuksen esittämisestä Kristuksena

◆ opetuslapseuden vaatimisesta.

Siihen sisältyy kuitenkin myös ajatus siitä, että evankelioinnin ydin on *käännynnäisten tekeminen*. Sellaiset hengelliset johtajat, jotka korostavat Jumalan kaikkivaltiutta, ovat kuitenkin eri mieltä tämän kanssa. Heidän mukaansa evankeliointi on ihmisten velvollisuus mutta samalla vain Jumala antaa uskoa ja luo uutta elämää. He kyllä myöntävät, että evankeliointi johdattaa ihmisiä kohti Jumalaan luottamista, mutta he ovat tiukasti sitä mieltä, että vain Henki tekee ihmiset kykeneviksi luottamaan Jumalaan. Tätä käsitellään *Hengen miekka* -kirjasarjan osassa *Pelastus armosta*.

Nämä johtajat ovat sitä mieltä, ettei evankeliointia pitäisi määritellä tulosten perusteella tai mitata käännynnäisten määrän mukaan, vaan että se pitäisi ymmärtää *julistustyönä*, jonka tavoite on helpottaa kääntymistä kristityksi. Useimmat heistä painottavat, että saarnaaminen on tässä etusijalla, ja he määrittelevätkin, että evankeliointi on Jeesuksen Kristuksen julistamista syntisille ihmisille, jotta nämä voisivat Hengen voiman kautta alkaa hänen kauttaan luottaa Jumalaan.

Jotkut vaikutusvaltaiset evankeliset ryhmät ovat itse asiassa tiukasti sitä mieltä, että sanan "evankeliointi" merkitys tulisi rajata niin, että se tarkoittaa ainoastaan *pelastussanoman julistamista*.

Muissa kristillisissä traditioissa vaikuttavat hengelliset johtajat kritisoivat tätä evankelista käsitystä, jossa painotus on pelkässä julistamisessa. He ovat kyllä samaa mieltä siitä, että saarnaaminen on tärkeä osa evankeliointia, mutta ortodoksijohtajat ovat tiukasti sitä mieltä, että kirkon läsnäolo

Evankeliointi

maailmassa, sen *pyhä eläminen* ja *palveleminen*, on aivan yhtä olennaista, ja helluntaijohtajat taas ajattelevat, että yliluonnollisten *tunnustekojen ja ihmeiden* tulee aina seurata saarnaamista.

Nämä evankeliointia koskevat perusajatukset voivat auttaa meitä ymmärtämään niitä eri painotuksia, joita muilla seurakunnilla on, mutta meidän täytyy kääntyä Raamatun puoleen, jos haluamme ymmärtää, mitä raamatullinen evankeliointi todellisuudessa tarkoittaa.

Uudessa testamentissa käytetään kahta kreikan kielen sanajoukkoa kuvaamaan sitä, mitä kristityt kutsuvat "evankelioinniksi". Monet evankeliointia koskevat erimielisyydet kumpuavat siitä, että näiden kahden tärkeän sanajoukon merkitys on ymmärretty väärin – ja siitä, että jompaakumpaa niistä on painotettu liikaa.

Hyvä sanoma

Ensimmäinen joukko Uuden testamentin sanoja pohjautuu kreikan kielen nimisanan *euangelion* ympärille. Tuo kyseinen sana tulee kreikan kielen sanoista *eu,* "hyvä" tai "jalo", ja *angelia,* "sanoma" tai "uutiset", joten *euangelion* tarkoittaa "hyvää sanomaa", "hyviä uutisia", "ilosanomaa" tai "jaloa sanomaa". Englannin kielessä yleisesti käytetty evankeliumia tarkoittava sana "gospel" on siis yksinkertaisesti lyhennetty versio sanoista "good-speak", hyvää puhetta.

Tämä näyttää välittömästi toteen sen, että evankeliointi liittyy erottamattomasti evankeliumiin, hyvään sanomaan. Voidaankin siis sanoa, että kaiken, mikä liittyy evankeliumiin, täytyy myös liittyä evankeliointiin ja että mikään, mikä ei liity evankeliumiin, ei liity myöskään evankeliointiin.

Uudessa testamentissa käytetään myös edellä esiteltyyn sanaan liittyvää kreikan kielen nimisanaa *euangelistes.* Se tulee sanoista *eu,* "hyvä", ja *angelos,* "sanansaattaja", ja sen sanatarkka merkitys on "hyvien (asioiden) sanansaattaja". Suomen kielen sana "evankelista" onkin siis yksinkertaisesti suomeksi kirjoitettu versio (translitteraatio) sanasta *euangelistes.*

Kadotettujen tavoittaminen

Kreikan kielen sana *euangelizo* on sanan *euangelion* verbimuoto. Suomen kielessä sille ei ole suoraa vastinetta, sillä verbiä "hyvä sanomoida" ei ole olemassa. Eri raamatunkääntäjät ovatkin käyttäneet siitä eri verbejä, ja heidän käyttämänsä sanat heijastelevat aina väistämättä heidän omia teologisia näkemyksiään. Useimmat raamatunkääntäjät ovat päätyneet ilmauksiin kuten "julistaa hyvää sanomaa", "julistaa evankeliumia", "julistaa evankeliumin sanomaa", "ilmoittaa hyvä sanoma" tai "ilmoittaa evankeliumi". Kreikan kielen mukaisesti kaikki nämä tarkoittavat kuitenkin sanatarkasti "hyvä sanomoida" tai "evankelioida".

Useimmat evankeliset raamatunkääntäjät ovat kääntäneet sanan *euangelizo* sanoilla "julistaa evankeliumia". Jotkut uskovat ovat sitten käyttäneet tätä käännöstä todisteena siitä, että evankeliointi muka ennen kaikkea olisi julistamista tai saarnaamista! Toiset hengelliset johtajat taas väittävät, että sana *euangelizo* voitaisiin kääntää sanoilla "olla evankeliumi" tai "osoittaa evankeliumi". Lähempänä oikeaa merkitystä olisi kuitenkin itse asiassa jokin neutraalimpi verbi, kuten "levittää", "tuoda" tai "kantaa".

On kuitenkin syytä huomioida, ettei tällaista lisäverbiä käytetä Uudessa testamentissa lainkaan. Meidän onkin siis syytä varmistua siitä, ettemme ajattele evankelioinnin olevan "julistamista", "lihaksi tulemista" tai "osoittamista" vain siksi, koska "hyvä sanomoida" ei ole oikea verbi suomen kielessä!

Tässä käsiteltyä sanajoukkoa voidaan kuvata selvyyden vuoksi seuraavanlaisella tavalla:

Kreikan kielen sana	Translitteraatio	Sanatarkka käännös	Hyvä käännös
euangelion	evankeliumi	hyvä sanoma	evankeliumi
euangelizo	evankelioida	hyvä sanomoida	tuoda evankeliumi
euangelistes	evankelista	hyvä sanoma -henkilö	evankeliumin sanansaattaja

Evankeliointi

Nykykristityt käyttävät useimmiten sanaa "evankelioida", ja olisikin järkevää, jos tätä sanan *euangelizo* translitteraatiota käytettäisiin myös Uudessa testamentissa – etenkin, kun *euangelistes* translitteroidaan Uudessa testamentissa useimmiten "evankelistaksi". Meidän tulisi kuitenkin alkaa käyttää sanaa "evankelioida" vasta, kun ymmärrämme täysin, mitä Raamattu siitä opettaa.

Muista, että ymmärryksemme siitä, mitä evankeliointi on, tulisi pohjautua siihen, miten sanaan *euangelion* liittyviä sanoja käytetään Uudessa testamentissa – ei ihmisten käsityksiin tai seurakuntien traditioihin.

Evankelioida

Kreikan kielen verbi *euangelizo* esiintyy Uudessa testamentissa noin 50 kertaa. Sitä käytetään esimerkiksi kohdissa Luuk. 4:18, 4:43, 7:22, 9:6, 20:1; Ap. t. 8:4, 8:25, 8:35, 14:15, 14:21, 15:35; Room. 10:15, 15:20; 1. Kor. 1:17, 9:16, 15:1–2; 2. Kor. 10:16, 11:7; Gal. 1:11, 1:16, 4:13; Ef 3:8; Hepr. 4:2, 4:6; 1. Piet. 1:12, 1:25 ja 4:6.

Luukkaan evankeliumin jakeet 4:18–19 ovat erityisen valaisevia. Niissä on yksi Jeesuksen tärkeimmistä ilmoituksista, ja niitä voitaisiinkin pitää Jeesuksen "manifestina" tai "toiminta-ajatuksena". Kyseisissä jakeissa Jeesus tiivistää voitelunsa tarkoituksen olevan hyvän sanoman ilmoittaminen/julistaminen/kantaminen/tuominen/levittäminen köyhille. Hänet oli siis voideltu Hengellä, jotta hän voisi "evankelioida köyhät".

Näissä jakeissa käytetään kahta eri kreikan kielen sanaa. Ensimmäisessä lauseessa käytetään sanaa *euangelizo* mutta myöhemmissä lauseissa sanaa *kerusso*, joka voitaisiin parhaiten kääntää sanoilla "ilmoittaa" tai "kuuluttaa".

Jeesus antaa ensimmäisen lauseen jälkeen viisi (suomenkielisessä Raamatussa neljä, suom. huom.) esimerkkiä siitä, mitä "köyhien evankeliointi" käytännössä tarkoittaa: tämä on siis hänen määritelmänsä siitä, mitä Hengen voitelema evankeliointi on. Voitaisiin sanoa, että Jeesuksen mukaan raamatulliseen evankeliointiin kuuluu:

Kadotettujen tavoittaminen

- niiden parantaminen, joilla on särkynyt sydän (puuttuu suomenkielisestä raamatunkäännöksestä, suom. huom.)
- vangittujen vapauttaminen
- näön palauttaminen sokeille
- sorrettujen päästäminen vapauteen
- Jumalan vapauden ja mielisuosion sanoman julistaminen.

Isä ei lähettänyt Jeesusta ja Jeesusta ei voideltu Hengellä vain siksi, että hän voisi julistaa saarnoja juutalaisten synagogissa. Sen sijaan Jeesus tuli ilmoittamaan Jumalan sanojen, tekojen ja täydellisen elämän välityksellä, ja hän tuli tekemään tämän tavalla, joka kosketti erityisesti köyhiä – kreikan kielen sana *ptochoi* tarkoittaa "vaivattuja" tai "kärsiviä".

Sama ajatus toistetaan Luukkaan evankeliumin jakeissa 7:18–22. Johannes Kastaja halusi tietää, oliko Jeesus Messias vai ei, joten hän lähetti kaksi opetuslastaan kysymään sitä häneltä. Jakeessa 21 kerrotaan Jeesuksen toiminnasta vastaukseksi näiden opetuslasten kysymykseen ja jakeessa 22 hänen viestinsä Johannekselle: "Menkää ja kertokaa Johannekselle, mitä olette *nähneet* ja *kuulleet*: Sokeat saavat näkönsä ja rammat kävelevät, spitaaliset puhdistuvat ja kuurot kuulevat, kuolleet herätetään henkiin ja köyhille julistetaan ilosanoma."

Tämä muistuttaa hyvin läheisesti Jeesuksen ilmoitusta itsestään Luukkaan evankeliumin jakeessa 4:18. Ensin hän luettelee Hengen voiteleman evankeliointitehtävänsä puolia, ja sen jälkeen hän tiivistää voidellun tarkoituksensa siihen ajatukseen, että "köyhille (vaivatuille tai kärsiville) tuodaan/ilmoitetaan/levitetään/kannetaan/julistetaan evankeliumi – että kärsivät tulevat *evankelioiduiksi*.

Tätä periaatetta painotetaan myös Luukkaan evankeliumin luvussa 8. Jakeessa 1 sanotaan vuoden 1938 käännöksen (ja useimpien englanninkielisten käännösten) mukaan, että Jeesus "saarnasi ja julisti Jumalan valtakunnan evankeliumia"

Evankeliointi

kaikissa tuon alueen kaupungeissa ja kylissä. Jae aiheuttaa ongelmia kääntäjille, sillä Luukas kertoo siinä itse asiassa, että Jeesus *"kerusson* ja *euangelizmenos",* eli teki kahta aivan eri asiaa, vaikka suomenkielisessä käännöksessä käytetäänkin kahta samaa tarkoittavaa sanaa. (Vuoden 1992 käännöksessä käytetään vieläpä pelkästään ilmausta "julistaa ilosanomaa". Suom. huom.). "Saarnaaminen" ei olekaan sanan *kerusson* tarkka käännös, sillä *kerusson* viittaa sanansaattajan umpimähkäiseen ilmoitukseen herransa määrätystä sanomasta.

Luukkaan evankeliumin jae 8:1 on lopullinen vakuuttava todiste siitä, ettei evankeliointi ole pelkästään sanallista toimintaa. Julistuksen ja evankelioinnin täytyy kulkea käsi kädessä, mutta ne eivät ole sama asia.

Luukkaan evankeliumin jakeet 8:2–56 vaikuttavat olevan Luukkaan antama selitys jakeelle 8:1. Hän ilmoittaa yleisen toteamuksen jakeessa 1 ja käyttää sitten loppuluvun havainnollistaakseen tuota toteamustaan. Näissä jakeissa havaitaan, että Jeesus:

◆ saarnasi ja vastasi kysymyksiin – 8:4–18

◆ toi rauhan pelon vallassa oleville – 8:22–25

◆ vapautti vangittuja – 8:26–39

◆ paransi sairaita – 8:43–48

◆ herätti kuolleita – 8:49–56.

Jos julistaminen ja evankeliointi kerran ovat eri asioita (niin kuin jae Luuk. 8:1 antaa ymmärtää), vaikuttaa todennäköiseltä, että jakeiden 22–56 ihmeet havainnollistavat Jeesusta evankelioimassa – sillä jakeiden 4–18 vertaukset selvästi havainnollistavat häntä julistamassa.

Ja jos kerran "evankeliointi" on "hyvän sanoman kantamista, tuomista tai levittämistä", Luukkaan evankeliumin luvun 8 ihmeet olivat järisyttävän tehokas tapa tehdä juuri tätä. Nuo ihmeet eivät olleet esivalmisteluja evankelioimista varten eivätkä myöskään evankelioimisen seurausta – ne olivat itsessään evankelioimista.

Kadotettujen tavoittaminen

Apostoli Paavali toteaa saman asian Roomalaiskirjeen jakeissa 15:18-20. Useimmissa raamatunkäännöksissä puhutaan julistamisesta jakeissa 19 ja 20, mutta kreikan kielessä tämä sana ei esiinny näissä jakeissa. Sanatarkasti ilmaistuna Paavali kirjoittaa jakeessa 19: "Olen täyttänyt Kristuksen evankeliumin" ja jakeessa 20: "Olen asettanut tavoitteekseni evankelioida." Jakeet 18-19 osoittavat, kuinka Paavali oli "täyttänyt hyvän sanoman" ja "hyvä sanomoinut" - kuinka hän oli evankelioinut: hän oli tehnyt sen puheiden ja tekojen avulla, tunnustöiden ja ihmeiden avulla ja Jumalan Hengen voimalla.

Markus aloittaa selontekonsa Jeesuksen toiminnasta viittaamalla ensimmäisessä jakeessa *euangelioniin* - ilosanomaan Jeesuksesta. Tämän jälkeen hän luo pohjan tapahtumille kertomalla tavallisesta päivästä Jeesuksen elämässä. Jakeet 21-34 osoittavat, että eräänä sapatin päivänä Jeesuksen "hyvä sanomointi" tai evankeliointi koostui:

◆ saarnaamisesta synagogassa - 1:21-22

◆ erään vangitun vapauttamisesta - 1:23-26

◆ sairaiden parantamisesta 1:29-31 ja 34

◆ riivaajien ulos ajamisesta - 1:34.

Läpi koko Markuksen ja kaikkien muidenkin evankeliumien voidaan havaita, että Jeesus ilmoitti hyvän sanoman saarnaamalla, opettamalla ja kahdenkeskisissä keskusteluissa, että hän osoitti hyvän sanoman todeksi mahtavien tunnustekojen ja ihmeiden avulla ja että hän eli hyvää sanomaa hyväksymällä ja ottamalla avosylin vastaan oman aikansa vaivatut ja kärsivät ihmiset ja antamalla heille anteeksi.

Sama voidaan havaita myös alkuseurakunnan kohdalla. Apostolien tekojen jakeessa 8:1 kerrotaan vainottujen opetuslasten hajaantumisesta kaikkialle Juudeaan ja Samariaan, ja jae 8:4 osoittaa, että he menivät kaikkialle "evankelioiden".

Evankeliointi

Apostolien tekojen jakeet 8:5-13 havainnollistavat tätä evankeliointia kertomalla Filippoksesta. Niissä ilmaistaan, että Filippoksen evankeliointi sisälsi:

◆ saarnaamista – 8:5

◆ ihmeitä – 8:6

◆ riivaajien ulos ajamista – 8:7

◆ sairaiden parantamista – 8:8.

Apostolien tekojen jakeessa 8:12 tehdään lopuksi yhteenveto Filippoksen tekemisistä toteamalla, että samarialaiset uskoivat, kun hän *euangelizomeno* – kun hän evankelioi. Ei olekaan siis yllättävää, että Apostolien tekojen jakeessa 21:8 Filipposta kutsutaan "evankelistaksi".

Sama toistuu myös Apostolien tekojen jakeissa 10:36-38. Niissä Pietari kutsuu Jeesusta ensin "Sanaksi", "kaikkien Herraksi", joka lähetettiin Israelille *euangelizomenos* – evankelioimaan. Seuraavaksi Pietari toistaa Jeesuksen kohdan Luuk. 4:18 periaatteen ja liittää hänen evankelioimisensa hänen voiteluunsa. Sitten Pietari vielä kertoo, että Jeesuksen evankeliointi sisälsi:

◆ julistamista – 10:37

◆ hyvän tekemistä – 10:38

◆ paholaisen valtaan joutuneiden parantamista – 10:38.

Näiden raamatunkohtien tulisi vakuuttaa meidät siitä, että evankeliointi ei koostu pelkästä saarnaamisesta. Todellinen raamatullinen evankeliointi sisältää kyllä hyvän sanoman julistamista sanallisesti, mutta sen täytyy myös sisältää hyvän sanoman näyttämistä ja osoittamista todeksi tunnustekojen, ihmeiden, rauhan ja hyvien tekojen avulla. Se on kadotettujen tavoittamista – ei ainoastaan kadotetuille saarnaamista.

Evankeliumi

Nimisana *euangelion* esiintyy Uudessa testamentissa lähes 80 kertaa. Melkein kaikissa tapauksissa siihen on yhdistetty jokin

Kadotettujen tavoittaminen

toinen sana, joka kuvaa tuon sanoman antajaa, sisältöä tai tarkoitusta. Se on esimerkiksi:

- valtakunnan evankeliumi – Matt. 4:23 (v. 1938 käännös), 9:35 (v. 1938 käännös) ja 24:14
- Jumalan evankeliumi – Mark. 1:14; Room. 1:1, 15:16; 2. Kor. 11:7; 1. Tess. 2:2 (v. 1938 käännös), 2:9 ja 1. Piet. 4:17
- Jumalan evankeliumi hänen Pojastansa – Room. 1:1–3 (v. 1938 käännös)
- evankeliumi hänen Pojastaan – Room. 1:9
- ilosanoma Jeesuksesta Kristuksesta, Jumalan Pojasta – Mark. 1:1
- Herramme Jeesuksen evankeliumi – 2. Tess. 1:8
- Kristuksen evankeliumi – Room. 15:19
- Kristuksen kirkkauden evankeliumi – 2. Kor. 4:4 (v. 1938 käännös)
- Jumalan armon evankeliumi – Ap. t. 20:24 (v. 1938 käännös)
- autuaan Jumalan kirkkauden evankeliumi – 1. Tim. 1:11 (v. 1938 käännös)
- pelastuksenne evankeliumi – Ef. 1:13 (v. 1938 käännös)
- rauhan evankeliumi – Ef. 6:15
- ikuinen evankeliumi – Ilm. 14:6
- minun evankeliumini – Room. 2:16 (v. 1938 käännös), 16:25 (v. 1938 käännös) ja 2. Tim. 2:8 (v. 1938 käännös)
- meidän evankeliumimme – 2. Kor. 4:3 (v. 1938 käännös); 1. Tess. 1:5 (v. 1938 käännös) ja 2. Tess. 2:14.

Näistä raamatunkohdista voidaan oppia neljä perustotuutta siitä sanomasta, jota meidät on kutsuttu kantamaan, kun evankelioimme raamatullisella tavalla.

Evankeliointi

1. Se on valtakunnan evankeliumi
Valtakuntaa tutkitaan tämän *Hengen miekka* -kirjasarjan osassa *Jumalan hallintavalta*. Siinä selvitetään, että valtakunta viittaa "Jumalan kuninkaalliseen hallintavaltaan ja valtaan", että se on "sekä nyt että ei vielä" ja että Jumala hallitsee "henkilökohtaisesti, Kristuksessa ja Kristuksen kautta, pikemmin kuin lain kautta". Jumalan henkilökohtainen hallintavalta tuli Jeesuksen myötä, mikä tarkoittaa, että valtakunta on täällä, koska Jeesus on täällä.

Huomionarvoista on, että ensimmäinen viittaus "valtakunnan evankeliumiin" on sellaisessa asiayhteydessä, jossa on sanallista julistamista *ja* sairaiden parantamista *ja* pahojen henkien ulosajamista, ja että toinen viittaus on sellaisessa asiayhteydessä, jossa on sanallista julistamista *ja* parantamista *ja* epätavallista myötätuntoa. Nämä kohdat löytyvät jakeista Matt. 4:23-24 ja 9:35-36.

Valtakunnan evankeliumi on hyvä sanoma siitä, että Jumalan hallintavalta on nyt läsnä henkilönä ja että hänellä on valta yli ihmisten, sairauksien, pahuuden ja kaiken muun.

Jumalan hallintavallan kaikki puolet julistetaan sanoina, osoitetaan todeksi tekoina ja ilmaistaan myötätuntona. Jos kantamamme evankeliumi ei sisällä kaikkia näitä puolia, se ei todellisuudessa ole raamatullinen hyvä sanoma.

2. Se on Jumalan evankeliumi
Jumalan evankeliumi on hyvä sanoma *Jumalasta*. Se on ihmeellinen sanoma Isästä, josta kaikki armo on lähtöisin ja jota tarkastellaan kirjassa *Isän tunteminen*. Se on mahtava sanoma jumalallisesta ilmoituksesta ja ihmisten sovituksesta, joita käsitellään kirjassa *Pelastus armosta*. Se on elämää antava kertomus ikuisesti itsensä antavasta Pojasta, jota tutkitaan kirjassa *Pojan tunteminen*. Ja se on voimaannuttavia totuuksia mahdolliseksi tekevästä, vaatimattomasta Hengestä, joita selvitetään kirjassa *Hengen tunteminen*.

Evankeliumi ei ole ainoastaan hyvä sanoma Jeesuksesta, se on myös hyvä sanoma Isästä ja hyvä sanoma Hengestä.

21

Kadotettujen tavoittaminen

Se on evankeliumi, ilosanoma, koko kolmiyhteisestä Jumalasta.

Jumalan evankeliumi on kuitenkin myös hyvä sanoma *Jumalalta*. Hän on laittanut sen kokonaan alulle, se on kokonaan hänen ilmoitustaan – Jumala on siinä puhunut itseään koskevia totuuksia.

Kuten havaitaan kirjoissa *Elävä usko ja Jumalan tunteminen*, jokainen Jumalalta tuleva sana on aina Jumalan ilmoitus itsestään. Tämän tähden myös Jumalan evankeliumi on hänen hyvä sanomansa itsestään – koko kolmiyhteisestä Jumalasta.

Meidän täytyykin siis olla hyvin tarkkoina siitä, ettemme vääristele tai muuta evankeliumia millään tavalla. Kohdat Gal. 1:6–9 ja 2. Kor. 11:4 painottavat sitä, kuinka vakavasta asiasta tässä on kyse.

3. Se on Jeesuksen Kristuksen evankeliumi

Jeesuksen evankeliumi on hyvä sanoma, jonka *hän toi maailmaan*. Ilman hänen palvelutyötään ei olisi anteeksiantoa, ei elämää, ei vapautta, ei toivoa. Ilman häntä ihmiskunta pysyisi kaukana Jumalasta, saatanan sitomana, syyllisyyden vallassa ja hengellisesti kuolleena. Ilman hänen evankeliumia tuovaa palvelutyötään ei yksinkertaisesti olisi olemassa mitään hyvää sanomaa.

Jeesuksen evankeliumi on kuitenkin myös hyvä sanoma siitä, että *hän tuli ihmiseksi maailmaan*. Lihaksi tuleminen on evankeliumin ytimessä. Jumala ei puhunut sanomaa taivaassa, vaan hän eli elämän maan päällä. Ja Jumala ei ainoastaan lähettänyt sanomaa taivaasta, vaan Sana tuli lihaksi ja maan päällä nähtiin Jumalan täydellinen tapa elää. Ilman Jeesuksen evankeliumia sykkivää elämää ei olisi myöskään hyvää sanomaa.

Tietyssä mielessä voitaisiin sanoa, että evankeliointi, joka koostuu pelkästä sanallisesta julistamisesta, on lähestulkoon evankeliumin kieltämistä – sillä lihaksi tuleminen on hyvän sanoman sisältö ja ilmentymä, Sana ja liha sekä sanoma ja keinot. Johanneksen evankeliumin jae 14:9 opettaa, että

Evankeliointi

me tunnemme Jumalaa koskevan totuuden, koska *näemme* totuuden Jeesuksen elämästä.

4. Se on henkilökohtainen evankeliumi
Uudessa testamentissa puhutaan "minun evankeliumistani" ja "meidän evankeliumistamme". Se on sanoma, joka meidän on tarkoitus ottaa henkilökohtaisesti omaksemme – siinä määrin, että siitä tulee melkeinpä yhtä lailla *meidän* evankeliumimme kuin se on hänenkin evankeliuminsa.
Uudessa testamentissa käytetään useita eri verbejä sanan *euangelion* kanssa. Näin tehdään selväksi, kuinka meidän tulisi ja kuinka meidän ei tulisi suhtautua evankeliumiin. Me voimme esimerkiksi:

- uskoa hyvän sanoman – Mark. 1:15
- kadottaa elämämme evankeliumin tähden – Mark. 8:35
- olla erotettuja julistamaan evankeliumia – Room. 1:1 (v. 1938 käännös)
- palvella evankeliumin julistamisessa – Room. 1:9
- hävetä evankeliumia – Room. 1:16
- olla kuuliaisia evankeliumille – Room. 10:16
- toimittaa evankeliumin pyhää pappispalvelua – Room. 15:16
- olla esteenä evankeliumille – 1. Kor. 9:12
- ottaa vastaan evankeliumin – 2. Kor. 11:4
- olla osallisia evankeliumiin – Fil. 1:5 (v. 1938 käännös)
- taistella evankeliumin puolesta – Fil. 4:3
- kärsiä vaivaa evankeliumin vuoksi – 2. Tim. 1:8.

Uudessa testamentissa käytetään lisäksi useita eri verbejä kuvaamaan sitä, kuinka me levitämme evankeliumia. Voimme esimerkiksi:

Kadotettujen tavoittaminen

- julistaa/saarnata evankeliumia/ilosanomaa – Matt. 4:23 ja Gal. 2:2
- puhua evankeliumia – 1. Tess. 2:2 (v. 1938 käännös)
- todistaa evankeliumia – Ap. t. 20:24 (v. 1938 käännös)
- evankelioida evankeliumia – 1. Kor. 15:1; 2. Kor. 11:7 ja Gal. 1:11 (suomenkielisissä käännöksissä "julistaa", suom. huom.)
- julistaa (kuuluttaa) evankeliumia – 1. Kor. 9:14.

Raamatun moninaisista ilmauksista voidaan päätellä, että meidät on kutsuttu olemaan syvästi antautuneita evankeliumille ja tiukasti sitoutuneita levittämään ilosanomaa.

Evankelista

Nimisanaa *euangelistes* käytetään Uudessa testamentissa ainoastaan kolme kertaa – kohdissa Ap. t. 21:8, Ef. 4:11 ja 2. Tim. 4:5.

Edellä todettiin, että *euangelistes* tarkoittaa evankeliumin sanansaattajaa, ja havaittiin, että Apostolien tekojen jakeessa 21:8 Filipposta kutsuttiin evankelistaksi, koska hän levitti evankeliumia sanojensa ja tekojensa avulla, julistamalla ja todeksi osoittamalla.

On mielenkiintoista, että Paavalin käsky "tee evankelistan työ" (2. Tim. 4:5, v. 1938 käännös) on käskyn "julista sanaa" (2. Tim. 4:2–4) jälkeen. Tämä osoittaa, että "julistaminen" ja "evankeliointi" eivät ole samaa toimintaa ja että julistaminen ei aina tarkoita evankelioivaa julistamista.

Efesolaiskirjeen jae 4:11 osoittaa, että evankelioiva palvelutyö on yksi erillinen toimintamuoto seurakunnassa ja että evankelistan ensisijainen tavoite on varustaa "kaikki seurakunnan jäsenet palvelutyöhön, Kristuksen ruumiin rakentamiseen". Tätä tarkastellaan kirjassa *Jumalan kirkkaus seurakunnassa*.

Evankeliointi

Tulisi olla selvää, että se, mitä ajattelemme raamatullisesta evankelioinnista, tulisi perustua siihen, kuinka *euangelion*-sanajoukkoa käytetään Uudessa testamentissa. Samoin tulisi olla hyvin selvää, että raamatullinen evankeliointi koostuu:

- julistamisesta – saarnaamisesti, todistamisesta, puhumisesta, julistamisesta, väittelemisestä, ilmoittamisesta, kysymyksiin vastaamisesta jne.

- todeksi osoittamisesta – sairaiden ja niiden parantamisesta, joilla on särkynyt sydän, vangittujen vapauttamisesta, riivaajien ulosajamisesta, merkeistä, tunnusteoista, ihmeistä jne.

- lihaksi tulemisesta – Jumalan elämän elämisestä vaivattujen ja kärsivien keskellä, Jumalan myötätunnon kokemisesta, vaikeuksien kestämisestä, siitä että on valmis kadottamaan oman elämänsä jne.

Edellä havaittiin lisäksi, että raamatullinen evankeliointi keskittyy erityisellä tavalla juuri *ptochoi*-ihmisiin. Kyseinen sana on useimmiten käännetty Raamatussa sanalla "köyhät", mutta yksikkömuotoinen sana *ptochos* tarkoittaa sanatarkasti "henkilöä, joka pelon tähden kyyristelee tai piileskelee". Joissakin uudemmissa raamatunkäännöksissä tätä sanatarkkaa merkitystä on heijasteltu kääntämällä sana *ptochoi* "vaivatuiksi". Meille nykyihmisille helpoin tapa ymmärtää kyseisen sanan merkitys on käyttää siitä ilmausta "kärsivät" tai "kipuilevat" ihmiset pikemmin kuin "köyhät".

Tämä tarkoittaa, että aidosti Kristuksen kaltainen evankeliointi ei keskity pelkästään sellaisten ihmisten tavoittamiseen, jotka omistavat vain harvoja tavaroita tai joilla on vain vähän rahaa. Pikemminkin se tarkoittaa sellaisten ihmisten tavoittamista, jotka ovat vaivattuja tai jotka kärsivät, joilla on särkynyt sydän, jotka ovat sokeita, vangittuja ja sorrettuja – siis kaikkien sellaisten miesten ja naisten tavoittamista, joita synti, saatana tai yhteiskunnan toimet ja asenteet ovat tavalla tai toisella särkeneet.

Kadotettujen tavoittaminen

Sanansaattaja

Suurinta osaa kristillistä käsitystä evankelioinnista muovaa myös toinen joukko Uuden testamentin sanoja. Tämä sanajoukko pohjautuu kreikan kielen nimisanan *kerux* ympärille. Tuo sana tarkoittaa "sanansaattajaa".

Sanansaattaja

Sanaa *kerux* käytetään Uudessa testamentissa ainoastaan kolme kertaa, kohdissa 1. Tim. 2:7, 2. Tim. 1:11 ja 2. Piet. 2:5, ja se on yleensä käännetty "julistajaksi". Julistaja tai saarnaaja ymmärretään nykyään kuitenkin melko eri tavalla kuin mitä sanansaattaja aikoinaan tarkoitti.

Sanansaattaja tarkoitti ennen kaikkea sellaista henkilöä, joka matkusti paikkakunnalta toiselle ja ilmoitti kaikkialla julkisesti ja kaikille kohtaamilleen ihmisille sanoman, jonka oli kuninkaaltaan saanut. Tämä sama merkitys sisältyy kaikkiin *kerux*-sanajoukon sanoihin.

Kun nykyään ajatellaan julistajaa tai saarnaajaa, mieleen tulee useimmiten henkilö, joka lausuu etukäteen tarkasti valmistelemansa opetuksellisen puheen jossakin kirkkorakennuksessa jollekin pienelle joukolle vakaumuksellisia uskovia. Tämä on sanansaattajan täydellinen vastakohta!

Sanansaattajien ei täydy olla oppineita tai viisaita, eikä heillä täydy olla koulutusta tai kokemusta – heidän täytyy ainoastaan olla luotettavia. He eivät ilmaise omia ajatuksiaan, vaan he ainoastaan välittävät eteenpäin kuninkaan sanoman. He eivät myöskään kerro omia henkilökohtaisia mielipiteitään, vaan he julistavat vain sen, minkä kuningas on käskenyt heidän puhua. Itsessään sanansaattajat eivät ole mitään: heidän merkityksensä perustuu ainoastaan siihen, että he edustavat sitä, joka heidät on lähettänyt.

Jakeissa 1. Tim. 2:7 ja 2. Tim. 1:11 Paavali nimittää itseään sanansaattajaksi, apostoliksi ja opettajaksi. Käyttämällä näitä sanoja tällaisella tavalla peräkkäin Paavali osoittaa, että ne sekä liittyvät toisiinsa että ovat erillisiä asioita.

Evankeliointi

Sanansaattaja/julistaja on esimerkiksi eri asia kuin opettaja, ja viestin tuominen / julistaminen on eri asia kuin opettaminen. Sanansaattaja/julistaja vie sanoman umpimähkään kaikkialle, kun taas opettaja ohjeistaa ainoastaan niitä, jotka haluavat oppia ja jotka päättävät kuunnella. Sanansaattajat liittyvät kuitenkin apostoleihin ja opettajiin siinä mielessä, että heidät kaikki on "lähetetty". Sanansaattajan on lähettänyt kuningas ja hänellä on kuninkaan sanoma mukanaan, kreikan kielen sana apostolos tarkoittaa sanatarkasti "henkilöä, joka on lähetetty" ja Paavali tekee selväksi, että hänet on lähetetty opettajaksi tietylle ihmisjoukolle.

Edellisissä raamatunkohdissa Paavali käyttää kyseistä kolmea sanaa peräkkäisessä järjestyksessä. Ensinnäkin hänet on lähetetty pakanoiden luokse sanansaattajana: hänellä on mukanaan kuninkaan sanoma, hyvä sanoma, jonka hän julistaa julkisesti kaikille kohtaamilleen ihmisille. Toisekseen hänet on lähetetty apostolina niille, jotka uskovat kuninkaan sanoman ja toimivat sen mukaan: hän muodostaa heistä seurakunnan, kuninkaan kansasta muodostuvan toimivan joukon. Kolmanneksi hänet on lähetetty opettamaan niitä, jotka haluavat oppia kuninkaan asioita. Tätä tarkastellaan kirjassa *Jumalan kirkkaus seurakunnassa*.

Viestin tuominen

Kreikan kielen verbi *kerusso* on johdettu sanasta *kerux*. Se tarkoittaa "tuoda viesti" tai "toimia sanansaattajana", mutta Uudessa testamentissa se on yleensä käännetty sanalla "julistaa" tai "saarnata". Kuten edellä havaittiin, julistaminen tai saarnaaminen ei nykykielessä enää välitä tarkasti *kerux*-sanajoukon todellista merkitystä.

Sanaa *kerusso* käytetään Uudessa testamentissa noin 60 kertaa, ja sen sanatarkka merkitys tulee selvästi esiin jakeissa Mark. 1:45, Luuk. 12:3 ja Ilm. 5:2. *Kerusso* pitää väistämättä sisällään seuraavat kolme puolta:

Kadotettujen tavoittaminen

◆ henkilökohtainen nimittäminen sanansaattajaksi jollekin tietylle ihmisjoukolle: esimerkiksi Mark. 3:14, 16:15–20; Luuk. 9:2 ja Ap. t. 10:42

◆ kuninkaalta saatu tietty sanoma: esimerkiksi Matt. 4:23, 9:35, 10:7, 24:14; Mark. 1:14, 16:15; Luuk. 4:19, 8:1, 9:2; Ap. t. 8:5, 9:20, 20:25, 28:31; Room. 10:8; 1. Kor. 9:27, 15:12; 2. Kor. 1:19 ja 1. Tess. 2:9

◆ kuuliaisuus tehtävälle ja sanomalle: esimerkiksi Matt. 11:1; Mark. 1:39, 6:12; Ap. t. 8:5, 9:20; 1. Kor. 15:11 ja Gal. 2:2.

Nämä raamatunkohdat osoittavat, että *kerusso* liitetään usein yhteen *euangelionin* kanssa. Kuninkaan sanansaattajat lähetetään ennen kaikkea julistamaan hänen "evankeliumiaan" – hyvää sanomaa kuninkaalta ja kuninkaasta.

Tämä havaitaan esimerkiksi kohdissa Matt. 24:14; Mark. 13:10, 14:9, 16:15, 16:20; Luuk. 8:1, 9:2, 24:47; Ap. t. 8:5, 19:13, 28:31; Room. 10:14–15; 1. Kor. 1:23, 15:11–12; 2. Kor. 1:19, 4:5, 11:4; Gal. 2:2; Fil. 1:15; Kol. 1:23 ja 1. Tess. 2:9.

Kuten edellä todettiin, se että sanansaattaja julistaa sanoman suullisesti, on kuitenkin vain yksi puoli evankeliointia. Se on tärkeä osa, mutta siihen täytyy liittyä myös evankeliumin todeksi osoittamista ja sen lihaksi tulemista.

Sanansaattajan sanoma

Nimisana *kerugma* viittaa sanansaattajan sanomaan, ja se on yleensä käännetty "julistukseksi" tai "saarnaksi" (v. 1938 käännöksessä). (Vuoden 1992 raamatunkäännöksessä kyseinen sana on usein muutettu verbiksi "julistaa". Suom. huom.) Se viittaa aina sanansaattajan julistuksen sisältöön pikemmin kuin itse julistamiseen. Se tarkoittaa aina tiettyä selvästi rajattua sanomaa, jonka kuningas on antanut sanansaattajille – ei siis sanomaa, jonka sanansaattajat olisivat itse kehitelleet tai muokanneet.

Sanaa *kerugma* käytetään Uudessa testamentissa kohdissa Matt. 12:41; Luuk. 11:32; Room. 16:25; 1. Kor. 1:21, 2:4, 15:14;

Evankeliointi

2. Tim. 4:17 ja Tiit. 1:3. Koska *kerugma* tarkoittaa sanatarkasti tiettyä selvästi rajattua sanomaa, teologit ja seurakuntien johtajat ovat väitelleet kiivaasti siitä, sisälsikö alkuseurakunnan evankelioiva saarnaaminen jonkin tietyn tarkasti määritellyn *kerugman*.

Jotkut hengelliset johtajat ovat sitä mieltä, että *kerugma* oli tietty tarkasti määritelty joukko tosiasioihin perustuvia toteamuksia Kristuksen elämästä ja toiminnasta, joiden perään liitettiin vaatimus parannuksen tekemisestä ja uskomisesta. Toiset taas ajattelevat, että *kerugma* oli yksinkertaisesti vain selvitys puhujan omasta henkilökohtaisesta kohtaamisesta elävän Herran Jeesuksen kanssa.

Alkuseurakunnan *kerugma* vaikuttaisi itse asiassa olleen molempia: sekä sanoma, joka perustui historiallisiin tosiseikkoihin Jeesuksen elämästä, kuolemasta, ylösnousemuksesta ja taivaaseen astumisesta, että elävän, kuolleista noussen Kristuksen esittely. Tämä havaitaan esimerkiksi 1. Korinttolaiskirjeen jakeissa 1:23 ja 15:14. Sanansaattajan sanoman sisältöä tarkastellaan yksityiskohtaisesti osassa 4.

Evankeliointi

Tämän kirjan seuraavissa luvuissa viitataan toistuvasti "evankeliointiin". On ehdottoman tärkeää, että alamme yhä paremmin ymmärtää kyseistä sanaa sen pohjalta, miten Uudessa testamentissa käytetään sanoihin *euangelion-* ja *kerux* pohjautuvia sanoja.

Tässä vaiheessa meidän tulisi olla jo hyvin selvillä siitä, että raamatullinen evankeliointi on riippuvaista Hengen voitelusta, että se keskittyy kärsiviin ja että se sisältää evankeliumin todeksi osoittamista tunnusteoin ja ihmein mutta myös evankeliumin lihaksi tulemista myötätuntona ja pyhyytenä sekä kuninkaan hyvän sanoman julistamista julkisesti kaikille, joita kohtaamme – samankaltaisella tavalla, joka oli sanansaattajille ominaista.

Osa 2

Kadotetut

Matteuksen evankeliumin jakeet 9:35-10:15 ovat tärkeä evankeliointia käsittelevä kohta. Ne havainnollistavat useimpia niistä periaatteista, joita käsiteltiin osassa 1. Niissä kerrotaan Jeesuksen evankeliointityöstä Galilean kaupungeissa ja kylissä, ja ne osoittavat, että hän opetti synagogissa, julisti hyvää sanomaa ihmisten keskellä, paransi sairaita ja koki valtavaa myötätuntoa.

Ihmisillä oli niin paljon tarpeita, että Jeesus anoi Jumalaa antamaan lisää työmiehiä. Tämän jälkeen – osittaisena vastauksena pyyntöönsä – hän lähetti kaksitoista opetuslastaan pareittain evankelioimaan tarvitsevia ihmisiä.

Jakeissa 10:5-7 Jeesus antoi opetuslapsille ohjeen *julistaa sanomaa*, kertoi heille, mitä tiettyä sanomaa heidän tuli julistaa, ja ohjeisti heidät menemään tietyn ihmisryhmän luo. Jakeessa 10:8 hän kertoi opetuslapsille, kuinka heidän tuli *osoittaa sanoma todeksi*. Ja jakeissa 10:9-12 hän vielä ohjeisti heitä, kuinka heidän tuli *elää sanomaa todeksi* niiden ihmisten keskellä, joita heidän oli määrä tavoittaa.

On aivan välttämätöntä, että tunnistamme, *ketä* Jeesus ohjeisti opetuslapset tavoittamaan. Hän lähetti heidät evankelioimaan (julistamalla, osoittamalla todeksi ja elämällä hänen hyvää sanomaansa) *probata*-ihmisiä, *apololota*-ihmisiä, Israelin kansan "eksyneitä lampaita". Jeesus käytti tätä samaa sanaa Luukkaan evankeliumin jakeessa 19:10 kuvatessaan omaa evankelioivaa työtään. Hän tuli pelastamaan *apololos*-ihmiset, "kadotetut" tai "sitä, mikä on kadonnut".

Nykyään yleensä ajatellaan, että sana "kadotettu" merkitsee jotakin, mikä on hukassa tai väärässä paikassa. Kyseinen kreikan kielen sana on kuitenkin merkitykseltään paljon vahvempi.

Kadotettujen tavoittaminen

Se tulee verbistä *apollumi*, joka tarkoittaa "hajottaa", "tuhota täysin", "pilata kokonaan" tai "hukata täydellisesti". Se esiintyy esimerkiksi jakeissa Matt. 10:28, 10:42; Mark. 1:24, 9:22; Luuk. 9:25, 15:4 ja Joh. 17:12.

Vaikka sana *apollumi* onkin joskus käännetty Raamatussa sanalla "tappaa", se tarkoittaa itse asiassa "hyvinvoinnin menettämistä" pikemmin kuin "olemassaolon menettämistä". Se merkitsee hävitystä ja tuhoa, ei kuolemaa ja olemassaolon loppumista.

Apollumi on joskus käännetty sanalla "joutua kadotukseen" tai "hukkua", kuten esimerkiksi kohdassa Joh. 3:16. Tämä kuuluisa jae voitaisiinkin kääntää muotoon: Jumala on rakastanut maailmaa niin paljon, että antoi ainoan Poikansa, jottei yksikään, joka häneen uskoo, olisi *kadotettu*, vaan saisi iankaikkisen elämän".

Tämä osoittaa, että "kadotettujen tavoittaminen" on perin pohjin raamatullinen ilmaus. Samalla on kuitenkin syytä huomioida, kuinka äärettömän vakava tila "kadotettuna oleminen" on. Kadotetut eivät vain ole harhautuneet muutaman metrin päähän tiestä, vaan he ovat aivan täysin hukassa. He ovat niin hukassa, että he ovat joutumassa kadotukseen tai hukkumassa.

Raamattu myös kertoo meille, että kadotettujen lopullinen päämäärä on tietoinen rangaistuksen tila helvetissä. Helvetti on vaikea asia käsittää ja sitä käsitellään yksityiskohtaisemmin kirjassa *Pelastus armosta*, mutta tässä kohtaa on tärkeää huomioida ainakin se, että Jeesus puhui enemmän helvetistä kuin taivaasta nimenomaan varoittaakseen ihmisiä siitä, että heidän tulisi varoa joutumasta sinne. Nykyään monet ihmiset pitävät opetusta helvetistä epämiellyttävänä, ja olemmekin monella tapaa saaneet todistaa helvetin katoamista saarnatuoleista. Velvollisuutemme on kuitenkin pitää kiinni Jumalan totuuksista ja myötätunnolla selittää totuutta helvetistä ympärillämme oleville kadotetuille ihmisille. Vaikka kadotetut ovatkin täysin tuhon omia ja täydellisen tuhoutuneita, he ovat silti olemassa: Ihmisen Poika tuli

Kadotetut

pelastamaan heidät helvetiltä, ja hän on lähettänyt meidät tavoittamaan heitä Jumalan valtakunnan evankeliumilla.

Maailma
Johanneksen evankeliumin jae 3:16 on tärkeä evankelioiva raamatunkohta. Se asettaa iankaikkisen elämän vastakkain juuri "tuhon ja kadotuksen" kanssa, ei "kuoleman ja olemassaolon loppumisen" kanssa. Se opettaa, että Isä Jumala on pelastuksen ihmeellinen alullepanija, se osoittaa, että armollinen rakkaus on hänen jumalallisen pelastustyönsä liikkeellepaneva innoitus, se todistaa, ettei Jumala halua kenenkään joutuvan kadotukseen ja – mikä tärkeintä – se paljastaa, että *kosmos*, "maailma", on Jumalan rakkauden kohde ja se, mihin kaikki hänen työnsä kohdistuu.

Nykyinen kristillinen käsitys evankelioinnista keskittyy yleensä yksittäisiin miehiin ja naisiin, mutta Raamatussa havaitaan selkeä "koko maailma" -ulottuvuus. Raamattu esimerkiksi alkaa kertomuksella maailman luomisesta 1. Mooseksen kirjan luvussa 1 ja huipentuu uuteen luomakuntaan Ilmestyskirjan luvussa 21.

Niiden välissä Raamattu kertoo, kuinka synti pilasi koko luomakunnan, ja osoittaa, kuinka Jumala silti rakastaa maailmaa ja mitä kaikkea hän tekee sen pelastamiseksi. Individualistinen evankeliointi, josta puuttuu aito "maailma"-ulottuvuus ja joka jättää huomiotta eskatologisen toivon "uudesta luomakunnasta", ei ole raamatullista evankeliointia.

Uudessa testamentissa käytetään sanaa *kosmos* noin 170 kertaa sen nostamiseksi esiin, kuinka Jumala toimii suhteessa maailmaansa. *Kosmos* esiintyy kaikkialla Uudessa testamentissa, mutta kaikista useimmin se voidaan löytää Johanneksen ja Paavalin kirjoituksista.

Evankeliumit
Evankeliumien kirjoittajat käyttävät sanaa *kosmos* usealla eri tavalla, jotta he saisivat esiteltyä siihen sisältyvät toisiaan täydentävät periaatteet. "Maailmalla" viitataan esimerkiksi:

33

Kadotettujen tavoittaminen

- aineelliseen maailmaan – Matt. 24:21
- yleisesti kaikkeen luotuun – Joh. 1:10 ja 17:5
- kaikkeen olemassa olevaan, johon ihmiset syntyvät – Matt. 4:8; Luuk. 12:30 ja Joh. 6:14
- määriteltyyn paikkaan, jossa evankeliumia tulisi levittää – Matt. 13:38, 26:13 ja Mark. 16:15.

Johanneksen evankeliumi keskittyy siihen suhteeseen, joka Jumalalla on koko maailman kanssa. Siinä esimerkiksi kerrotaan, että:

- maailma oli saanut syntynsä Jumalan kautta – Joh. 1:10
- Jumala rakastaa maailmaa – Joh. 3:16
- Jumala haluaa pelastaa maailman, ei tuomita sitä – Joh. 3:17
- Jeesus on maailman pelastaja – Joh. 4:42
- Jeesus on maailman valo – Joh. 9:5
- Jumalan Poika tulee maailmaan – Joh. 11:27.

Evankeliumeissa myös painotetaan sitä, että maailma on ristiriidassa Jumalan kanssa. Niissä ei kuitenkaan opeteta, että maailma itsessään olisi luonnostaan paha, vaan osoitetaan, että maailma on *pahan vallassa*. Näillä kahdella on merkittävä ero, ja niiden välinen ero on sen ytimessä, mitä "kadotettu" tarkoittaa.

Evankeliumien kirjoittajat korostavat tätä ristiriitaa osoittamalla, että maailma:

- on hengellisessä pimeydessä – Joh. 1:5, 8:12 ja 9:5
- vastustaa Jeesusta – Joh. 7:7 ja 8:23
- on pahan vallassa – Joh. 12:31, 14:30, 16:11 ja 1. Joh. 5:19
- katoaa – 1. Joh. 2:17
- ei välitä Jumalasta – Joh. 1:10 ja 1. Joh. 3:1

Kadotetut

- vihaa kristittyjä – 1. Joh. 3:13
- hyväksyy vääriä profeettoja – 1. Joh. 4:1
- kuuntelee niitä, jotka ovat maailmasta – 1. Joh. 4:5.

Tulisi olla selvää, että Jumala ei rakastaisi maailmaa, jos maailma olisi luonnostaan paha. Se on kuitenkin hänen maailmansa, hän loi sen, ja hänen ääretön myötätuntonsa saa hänet tavoittamaan kadotettua maailmaa ja pelastamaan sen pahan vallasta. Juuri tämän tähden, Johanneksen evankeliumin jakeessa 17:18, Jeesus lähetti opetuslapsensa maailmaan – aivan kuten hänetkin oli lähetetty maailmaan. Aivan kuten Jeesuksenkin, Jumalan rakkaus lähettää myös meidät tavoittamaan kadotettuja ilosanomalla.

Paavalin kirjeet

Paavali käyttää sanaa *kosmos* samankaltaisella tavalla kirjeissään. Hän viittaa sillä Jumalan luomaan aineelliseen maailmaan (esimerkiksi kohdissa Room. 1:20, 1:25; 1. Kor. 4:9; Ef. 3:9 ja Kol. 1:15–18), ja Kolossalaiskirjeen jakeessa 1:16 hän paljastaa, että koko maailma luotiin Kristusta varten.

Se että Jeesus on "maailman päämäärä ja tarkoitus", on äärimmäisen tärkeä periaate, jonka tulisi muuttaa sitä, kuinka suhtaudumme maailmaan. Sen tulisi auttaa meitä ymmärtämään kokonaisvaltaisemmin sitä, miksi evankelioimisessamme tulisi olla ympäristöön liittyvä tai "uusi luomakunta" -ulottuvuus. Vaikka meidän tulisikin keskittyä henkilökohtaisiin kääntymyksiin, emme saa kuitenkaan koskaan jättää huomiotta evankeliumin yhteisöllistä ja maailmankaikkeutta koskevaa puolta.

Kuten evankeliumienkin kirjoittajat, myös Paavali viittaa *kosmoksella*:

- kaikkiin miehiin ja naisiin – 1. Tim. 6:7; 1. Kor. 14:10; 1. Tim. 1:15 ja 2. Kor. 1:12
- maailmaan, joka on ristiriidassa Jumalan kanssa – Room. 3:6, 3:19; 1. Kor. 1:20, 2:12, 3:19, 6:2, 11:32 ja Ef. 2:12

Kadotettujen tavoittaminen

- maailmaan, joka katoaa – 1. Kor. 7:31
- maailmaan, jota paha hallitsee (mutta joka ei itse luonnostaan ole paha) – Ef. 2:2 ja Fil. 2:15.

Toisin kuin evankeliumeissa, Paavalin kirjeissä palataan lisäksi tarkastelemaan ristiä. Paavali osoittaa 2. Korinttolaiskirjeen jakeessa 5:19 ristin tarkoittavan sitä, että Jumala teki Kristuksessa sovinnon "maailman" kanssa, ja jakeissa Kol. 2:20 ja 2. Kor. 10:3 hän painottaa sitä, että tämän tulisi saada uskovat elämään uudenlaisella tavalla ja uudenlaisella asenteella maailmassa.

Pelastuksen "maailmankaikkeutta", "luomakuntaa" tai "ympäristöä" koskeva puoli tulee erityisen selvästi esiin Roomalaiskirjeen jakeissa 8:19–24. Meidän tulisi sisällyttää tämä vaikea ajatus ymmärrykseemme siitä, mitkä Jumalan tarkoitukset maailmaa varten ovat.

Jotkut ihmiset tuntuvat ajattelevan, että Roomalaiskirjeen luku 8 on ristiriidassa 2. Korinttolaiskirjeen luvun 5 kanssa, mutta todellisuudessa nämä luvut opettavat toisiaan täydentäviä totuuksia, joita tulisi tarkastella yhdessä. Toisen Korinttolaiskirjeen luku 5 luo silmäyksen taaksepäin ristiin ja iloitsee siitä, mitä Jumala on tehnyt yksittäisille miehille ja naisille, kun taas Roomalaiskirjeen luku 8 luo silmäyksen eteenpäin ja toivoen odottaa sitä, mitä Jumala on tekevä koko *kosmokselle* päivänä, josta kerrotaan Ilmestyskirjan luvussa 21.

Useimmat helluntai- ja evankeliset uskovat keskittyvät siihen uuteen luomukseen, joka yksittäinen mies tai nainen on *Kristuksessa*. Tämä on kyllä oikea ja raamatullinen painotus, mutta meidän tulisi lisäksi odottaa sitä lopullista uutta luomusta, joka koko maailma on *Kristusta varten*.

Ihmiskunta

Vaikka koko *kosmoksen* tulisikin olla osa sitä, mitä ymmärrämme sanalla "kadotettu", on selvää, että ihmiskunta on ylivoimaisesti tärkein osa luotua maailmaa.

Kadotetut

Ihmiskunnan "kadotettuna olemista" voidaan alkaa ymmärtää koko merkityksessään vain tutkiskelemalla ensin Jeesuksen täydellistä ihmisyyttä. Yksinkertaisesti sanottuna Jeesus on Jumalan ilmoitus siitä, millaisia kaikkien ihmisten tulisi olla.

Tätä tarkastellaan yksityiskohtaisesti kirjassa *Pojan tunteminen*, mutta tässä on syytä ymmärtää, että Jeesus on malli, johon koko ihmiskuntaa verrataan. Evankeliumit esittelevät hänet ainutlaatuisen virheettömänä: niissä kerrotaan sitä vaikutuksesta, joka hänellä oli ihmisiin, hänen myötätunnostaan kadotettuja kohtaan ja huolestaan heistä, hänen vallankumouksellisesta asenteestaan naisia ja lapsia kohtaan, hänen hyvyydestään ja anteliaisuudestaan, hänen epäitsekkyydestään ja uhrautumisestaan, hänen välinpitämättömyydestään tavaroiden omistamista kohtaan, hänen antautumisestaan ja kuuliaisuudestaan ja niin edelleen. Jeesukseen verrattuna jokainen mies, nainen ja lapsi on täysin "kadotettu" – pilalla, tuhon oma, joutumassa kadotukseen ja hukkumassa.

Raamattu suhtautuu ihmisiin aina kokonaisvaltaisina olentoina, jotka ovat äärettömän arvokkaita Jumalalle. Vaikka Uudessa testamentissa käytetäänkin erityisiä sanoja kuvaamaan ihmisen eri puolia, näitä sanoja käytetään löyhästi ja usein myös huomattavan paljon toistensa kanssa päällekkäin. Raamatussa ei tarkoiteta tällä sitä, että ihmiset koostuisivat kahdesta, kolmesta tai useammasta erillisestä osasta – ihminen on aina täysin yhtenäinen, kokonaisvaltainen olento.

Tärkeimmät sanat, joita Uudessa testamentissa käytetään kuvaamaan yksittäisen ihmisen eri puolia, ovat:

◆ Sielu, *psyche*, joka useimmiten viittaa ihmisen koko elämään – Room. 11:3, 16:4 ja Fil. 2:30.

◆ Henki, *pneuma*, joka kuvaa ihmisen sitä puolta, joka kykenee vastaamaan Jumalalle sen jälkeen, kun se on ensin herätetty. Ennen kääntymystä henki on

Kadotettujen tavoittaminen

"kuollut" Jumalalle mutta "elävä" maailmalle, lihalle ja pahalle. Pyhä Henki "herättää" hengen kääntymyksen yhteydessä, niin että ihminen voi vastata Jumalalle ja elää yhteydessä häneen. Herätetty henki voi tärveltyä tai pyhittyä, mutta se on tarkoitettu olemaan Jumalalle omistautunut ja hänen hallintansa alla – Room. 8:16; 1. Kor. 7:34, 16:18; 2. Kor. 2:13, 7:1 ja 7:13.

♦ Liha, *sarx*, on useimmiten tapa kuvata ihmistä tämän maallisessa alkuperässä, luonnollisessa heikkoudessa ja tilassa, jossa hän on kaukana Jumalasta. Se liittyy läheisesti syntiin, ja se on myös usein syy, joka saa aikaan synnin tekemistä – Room. 1:3, 3:20, 7; 1. Kor. 1:29; 2. Kor. 10:3; Gal. 1:16 ja 5:16–19.

♦ Ruumis, *soma*, viittaa henkilön fyysiseen olemukseen. Sen on tarkoitus olla Pyhän Hengen temppeli, eikä sitä ole tarkoitettu käytettäväksi moraalittomaan toimintaan. Vaikka ruumis onkin kuolevainen, Jumala voi antaa sille elämää ja sitä odottaa ylösnousemus ja lunastus – Room. 8:10–11, 8:23; 1. Kor. 6:13, 6:18–20 ja Fil. 3:21.

♦ Sydän, *kardia*, viittaa yleensä koko sisäiseen ihmiseen. Se voi tarkoittaa henkilön elämän keskusta, tahtoa, tunteita tai sitä keskusta, josta henkilön motivaatio kumpuaa – Ps. 9:1, 16:9, 112:7, 119:10; Sananl. 2:2, 3:5, 23:26; Room. 10:10; 1. Kor. 4:5, 7:37; 2. Kor. 2:4, 3:3, 4:6, 7:2; Ef. 1:17–18; Gal. 4:6 ja Kol. 3:16.

♦ Mieli, *nous*, kuvaa kaikkea ihmisen mielessä tapahtuvaa toimintaa: älyä, ajattelua ja ymmärrystä. Sen tila tai moraalisuus riippuu siitä, onko se Jumalan hallinnan alla, saatanan sokaisema vai "lihan" vallassa. Se toimii oikealla tavalla vain, jos se on uudistettu ja jos se mukautuu Jumalan mielen mukaan – Room. 1:28, 7:13–25, 12:2; 1. Kor. 2:16 ja 2. Kor. 4:4–6.

Kadotetut

◆ Omatunto, *suneidesis*, tekee ihmiset kykeneviksi pitämään itseään älyllisinä ja moraalisina olentoina. Se osoittaa ihmisille, mikä on "oikein" jokaisen omista normeista riippumatta. Se on kyky päättää, mikä on oikein, eikä siihen liity tahdon toimintaa. Jos ihminen toimii toistuvasti omaatuntoa vastaan, omatunto tärveltyy ja kovettuu – Room. 2:15, 9:1; 1. Kor. 8:7, 10:25; 2. Kor. 1:12 ja 1. Tim. 4:2.

Ihmiskunta ja synti

Jokainen mies, nainen ja lapsi on tarkoitettu olemaan kuin Jeesus sellaisena kuin hän ihmisenä oli. Jokainen yhtenäinen, kokonaisvaltainen olento – joka koostuu päällekkäisistä sielusta, hengestä, lihasta, ruumiista, sydämestä, mielestä ja omastatunnosta – tehtiin elämään Jumalan johdatuksessa ja lakkaamattomassa ja täydellisessä yhteydessä häneen.

Kukaan meistä ei kuitenkaan ole tällainen. Koko ihmiskunta on kadotettu tai joutumassa kadotukseen, se on synnin "tuhoama", "pilaama" ja "turmelema". Yksinkertaisesti sanottuna kadotetut ovat hukkumassa synnin tähden. Tätä tarkastellaan perusteellisemmin kirjassa *Pelastus armosta*, mutta tässä kohtaa on syytä ymmärtää, kuinka suuri ja laaja vaikutus synnillä on ihmiskuntaan.

Raamattu opettaa, että:

◆ synti koskee kaikkia – Room. 1–3, 5:12

◆ synti on sisäisiä asenteita ja ulkoisia tekoja – Room. 1:29–31, 13:13; 1. Kor. 5:10–13, 6:9–10; 2. Kor. 12:20–21; Gal. 5:19–21; Ef. 4:31, 5:3–5; Kol. 3:5–8; 1. Tim. 1:9–10; 2. Tim. 3:2–3 ja Tiit. 3:3

◆ synti on saatanan orjana olemista – 1. Joh. 3:8–10

◆ synti on isäntä, jonka orjaksi joudutaan – Room. 6:16–17

◆ synti on kapinaa Jumalaa vastaan – Luuk. 15:11–32

Kadotettujen tavoittaminen

- synti on erilleen ajautumista Jumalasta – Joh. 7:7, 9:41; Room. 5:10 ja 1. Joh. 2:16
- synti on epäuskoa – Joh. 5:24 ja 16:9
- synti on sokeutta ja pimeyttä – Joh. 1:4–9, 8:12 ja 1. Joh. 2:8–9
- synti on laittomuutta – Room. 6:19; 2. Kor. 6:14 ja 1. Joh. 3:4
- synti on velka – Matt. 6:12 ja Kol. 2:14
- synti on vääryyttä – Room. 1:18, 1:25; Ef. 4:25; 2. Tess. 2:11–12 ja 1. Tim. 6:5
- synti on poikkeamista poispäin – Room. 2:23
- synti on tottelemattomuutta – Joh. 3:36; Room. 11:30 ja Ef. 2:2
- synti ansaitsee Jumalan tuomion – Matt. 12:36; Luuk. 12:47–48 ja Matt. 11:20–24
- synti johtaa kuolemaan – Room. 6:21–23 ja 7:13.

Raamattu tekee selväksi, ettei kukaan – Jeesusta lukuun ottamatta – ole sellainen kuin hänen kuuluisi olla: kaikki ovat "kadotettuja" tai "hukkumassa". Tätä kuvataan hieman eri tavoin eri kohdissa Raamattua, mutta yleiskuva on selvä.

Ihmiskunta on kapinoinut Jumalaa vastaan, se ei ole ollut kuuliainen Jumalan laille. Se on antanut itsensä joutua synnin kahleisiin, joista se ei pääse pakenemaan omin avuin. Tämän seurauksena ihmiskunta on sokea omille mahdollisuuksilleen eikä se välitä Jumalasta. Tämä ilmenee siinä, että ihmiskunta kieltäytyy uskomasta Kristukseen – ainoaan, joka voi pelastaa sen synnistä, saada aikaan sovinnon sen ja Jumalan välille ja palauttaa sen siihen asemaan, joka sille kuuluu.

Raamattu tekee myös selväksi, että ihmisten synti ansaitsee jumalallisen rangaistuksen. Tätä käsitellään perusteellisemmin kirjassa *Pelastus armosta*, mutta tässä kohtaa on syytä ymmärtää, että pelastuksen perusolettamus on se, että

Kadotetut

on olemassa vanhurskas Jumala, joka tuomitsee synnin. Jeesuksen evankelioivaa toimintaa ei voida täysin ymmärtää, jos tätä tärkeää totuutta ei käsitetä.

Jokainen edellä lueteltu synnin puoli on itse asiassa tärkeä osa Kristuksen evankeliumin sanomaa. Synti on esimerkiksi orjuutta, mutta Jeesus tuo vapauden. Synti on vääryyttä, mutta Jeesus tuo totuuden. Synti on velka, mutta Jeesus tuo anteeksiannon. Synti on erilleen ajautumista, mutta Jeesus tuo sovinnon. Synti on tottelemattomuutta, mutta Jeesus osoittaa kuuliaisuuden tien. Synti on poikkeamista poispäin, mutta Jeesus antaa vanhurskauden mallin. Synti ansaitsee tuomion, mutta Jeesus on kantanut rangaistuksen, ja niin edelleen.

Kadotettujen tunteminen

Jos haluamme tavoittaa kadotetut evankeliumilla, meidän ei täydy ainoastaan tuntea heidän todellista hengellistä tilaansa vaan meidän täytyy tuntea myös heidät itsensä ja heidän huolenaiheensa. Jos kerran *ptochoi*-ihmisten tulee olla evankelioivan työmme tarkoitus, meidän täytyy tietää, mitä tuskia ja kipuja heillä tarkalleen ottaen on.

Edellä havaittiin, että Jeesus oli voideltu Hengellä, jotta hän voisi evankelioida niitä, joita synti, saatana tai yhteiskunta on satuttanut. Synti satuttaa ihmisiä, ja synnin seurauksia ovat esimerkiksi henkinen kipu, särkyneet ihmissuhteet ja haavoitetut elämät. Kaikki ihmiset joutuvat kärsimään synnistä – kaikki ovat synnin sokaisemia, sortamia ja vangitsemia.

Samaa voidaan sanoa myös saatanasta. Kuten opitaan tämän *Hengen miekka* -kirjasarjan osassa *Palveleminen Hengessä*, hän on ihmiskunnan pettäjä ja tuhoaja. Hän on pahuutta täynnä oleva panettelija ja mielivaltainen hallitsija. Saatana pitää kaikkia ihmisiä "sotavankeinaan", ja hän nauttii heidän peloistaan ja huolistaan.

Meidän tulee kuitenkin tunnistaa, että myös yhteiskunta aiheuttaa syvää kipua. Ihmiset kärsivät taloudellisesti, poliittisesti ja henkisesti sen tähden, miten yhteiskunta toimii. Se sortaa ja eristää ihmisiä, se tekee heidät sokeiksi

Kadotettujen tavoittaminen

oikeudenmukaisuudelle ja totuudelle, se pyrkii tekemään heistä arvottomia ja esineellistämään heitä. Yhteiskunta särkee ihmisten sydämet, varastaa heiltä toivon, vie heiltä ihmisyyden ja pitää heitä vääränlaisten arvojensa vankeina.

Kun ajatellaan ihmisiä ja nyky-yhteiskuntaa, voidaan havaita, että ihmiset joutuvat kärsimään esimerkiksi:

◆ pelosta joutua väkivallan tai rikoksen uhriksi

◆ terveyshuolista ja työpaikkaan liittyvistä huolista

◆ perheiden särkymisestä

◆ materialismista

◆ veloista

◆ sosiaalisesti eristämisestä, merkityksettömyydestä ja yksinäisyydestä

◆ taikauskosta

◆ itsesäälistä, itsensä vihaamisesta ja syyllisyydestä

◆ moraalittomista ja moraalista riippumattomista ajatuksista.

Kaikki näistä eivät suinkaan ole uusia asioita, sillä jo Jeesuksenkin aikana ihmiset joutuivat kärsimään yhteiskuntansa tähden. Heitä satuttavia asioita olivat roomalaiset valloittajat, juutalaiset uskonnolliset johtajat, kaksinkertainen ja korruptoitunut verotus, sairaudet ja ruokapula, voimattomuuden ja merkityksettömyyden tunne sekä kaikki ne paineet, jotka liittyivät heidän lyhyisiin elämiinsä.

Evankeliumit osoittavat, että Jeesus tunsi ihmiset ja heidän kipunsa. Hän eli *ptochoi*-ihmisten keskellä ja jakoi heidän kärsimyksensä, sillä hän rakasti heitä Jumalan äärettömällä rakkaudella. Hän ei piitannut heidän alhaisesta asemastaan tai koulutuksestaan vaan näki heidän todellisen ja ikuisen arvonsa. Hän horjutti aikansa sosiaalisia käytäntöjä kohtelemalla kaikkia ihmisiä kuin he olisivat koulutettua ja vallassa kiinni olevaa eliittiä.

Kadotetut

On selvää, että Luukkaan evankeliumin jakeen 4:18 sanoilla on hengellinen merkitys: Jeesus tuli niitä varten, jotka ovat hengellisesti kadotettuja, hengellisesti vangittuja, hengellisesti sokeita, hengellisesti köyhiä ja niin edelleen. Evankeliumit antavat kuitenkin ymmärtää, että Jeesus tarkoitti kyseiset sanansa myös kirjaimellisesti. Tämä selviää siitä, että tuon ajan uskonnolliset johtajat loukkaantuivat toistuvasti siitä tavasta, jolla Jeesus toivotti tervetulleiksi kerjäläiset, spitaaliset, veronkantajat, naiset, joilla oli "tietty maine", epäpuhtaat syntiset, parantumattomasti sairaat jne. sekä vietti aikaansa heidän parissaan ja auttoi heitä.

Tästä voidaan ymmärtää, että meidänkin tulisi olla yhtä keskittyneitä kadotettujen ihmisten tavoittamiseen kuin mitä Jeesuskin oli – nyky-yhteiskunnan reuna-alueilla elävien kadotettujen ihmisten mutta myös varakkaiden kadotettujen ihmisten ja tavallisten, Jumalan seurakuntaan kuulumattomien kadotettujen miesten ja naisten tavoittamiseen. Ja aivan kuten Jeesuksen kohdalla havaitaan, meidänkään tekojemme ei tule olla alentavia vaan kummuta Jumalan aidosta välittämisestä.

Jos kerran jaamme Kristuksen voitelun, jaamme varmasti myös hänen voitelunsa tarkoituksen. Hän lähettää meidät syvälle *kosmokseen* tavoittamaan hänen myötätunnollaan kaikkia niitä, jotka kärsivät ja joilla on kipuja. Tähän joukkoon kuuluvat syrjäytyneet nuoret, yksinäiset vanhukset, kodittomat, työttömät, maahanmuuttajat, etniset vähemmistöt sekä kaikki tavalla tai toisella köyhät.

Osa 3

Evankelioinnin motiivit

Evankeliointi ei ole helppoa. Monet uskovat kyllä yrittävät tavoittaa kadotettuja hyvällä sanomalla Jeesuksesta mutta luovuttavat, kun joutuvat kokemaan pettymyksiä. Myöskään monet seurakunnat eivät ole sitkeästi pitäneet kiinni evankelioinnista ensisijaisena tehtävänään, sillä ne ovat joutuneet kokemaan todellisia pettymyksiä.

Vaikka evankeliointia käsitteleviä kursseja ja konferensseja on olemassa valtavasti, samoin kuin mitä erilaisimpia evankeliointisuunnitelmia ja -strategioita, useimmat uskovat eivät aktiivisesti pyri toimimaan kadotettujen tavoittamiseksi evankeliumilla. Tämän vuoksi hälyttävän suurta osaa kadotetuista ihmisistä ei myöskään tavoiteta.

Ongelma on yksinkertainen. Kyse on motivaatiosta. On helpompaa keksiä strategia kuin motivoida pettyneitä opetuslapsia. On yksinkertaisempaa järjestää konferenssi kuin saada lannistuneita kristittyjä uudelleen liikkeelle.

Lannistuminen
Ei edes Jeesus välttynyt lannistamiselta ja pettymyksiltä. Johanneksen evankeliumin luvussa 6 kerrotaan, kuinka suuret ihmisjoukot tulivat kuulemaan häntä niiden ihmeellisten ihmetekojen houkuttelemina, joita he olivat saaneet todistaa. Tällöin Jeesus opetti heille, että hän oli todellinen elämän leipä ja että heidän täytyi syödä hänen leipäänsä, hänen ruumistaan, saadakseen todellisen elämän.

Jeesus esitti yksinomaisia, arvovaltaisia ja vetovoimaisia väittämiä – mutta ihmiset "nurisivat häntä vastaan". Jakeissa 41, 52, 60–61 ja 66 kerrotaan, kuinka Jeesus ymmärrettiin väärin, kuinka hänen sanojaan vääristeltiin ja kuinka hänet torjuttiin.

Kadotettujen tavoittaminen

Jopa jotkut hänen opetuslapsistaan käänsivät selkänsä hänelle ja lähtivät pois. Pettymys, jota Jeesus tämän vuoksi koki, on melkeinpä käsin kosketeltavaa jakeessa 67.

Myös apostoli Paavali joutui kokemaan samaa. Toisen Korinttolaiskirjeen luvussa 4 hän kertoo siitä, kuinka kovasti häntä painostettiin lopettamaan evankeliointi. Kahdesti hän vakuuttaa, ettei suostu lannistumaan. Tästä voidaan päätellä, että lannistuminen oli hänelle hyvinkin tuttu kiusaus.

Sokeus

Toisen Korinttolaiskirjeen jakeissa 4:2–6 kuvataan niiden ihmisten hengellistä sokeutta, joita Paavali yritti tavoittaa. He eivät olleet kiinnostuneita hänen tuomastaan hyvästä sanomasta eivätkä kyenneet tunnistamaan hänen julistamansa evankeliumin suurta merkitystä.

Jakeessa 3 viitataan *apollumenois*-ihmisiin – "kadotettuihin" tai "hukkuviin" – ja kerrotaan, että heidän mielensä on tehty sokeiksi evankeliumille. Tämä selittää, miksi evankeliointi on niin vaikeaa: sokeus on pääsyy sille, miksi kadotetut suhtautuvat evankeliumiin niin välinpitämättömästi, ja siten myös meidän lannistumisellemme.

Jakeessa 6 Paavali selvittää, mikä sai hänet jatkamaan evankelioimista silloinkin, kun hän joutui kohtaamaan lannistavaa apatiaa. Hän tiesi, että Jumala kyllä pystyisi saamaan valon loistamaan pimeydestä (vrt. v. 1938 käännös, suom. huom.). Hän tiesi, että hän oli ollut sokea ja että Jumala oli saanut Jeesuksen valon loistamaan hänen sydämeensä. Paavali tiesi, että Jumala voisi tehdä kaikille muillekin saman kuin oli tehnyt hänelle – ja tämän vuoksi hän kieltäytyi lannistumasta.

Väsymys

Toisen Korinttolaiskirjeen jakeissa 4:7–15 Paavali kuvaa sitä fyysistä ja henkistä uupumusta, joka myös yritti houkutella häntä lannistumaan. Hän jatkaa tästä samasta aiheesta myös vielä jakeissa 11:22–33.

Evankelioinnin motiivit

Paavali tiesi, mitä oli olla ahtaalla, neuvottomana, vainottuna, maahan lyötynä ja jatkuvasti kasvotusten kuoleman kanssa: tämä kaikki oli äärettömän kuluttavaa. Paavali tiesi, että tuo lannistava väsymys ja kipu lakkaisi, jos hän vain lopettaisi evankelioinnin. Mutta hän kieltäytyi lannistumasta.

Toisen Korinttolaiskirjeen jakeissa 4:16-18 Paavali selvittää, kuinka hän kykeni jatkamaan evankeliointia silloinkin, kun oli henkisesti ja fyysisesti uupunut. Hän tiesi, että hänen sen hetkinen fyysinen tilansa valmisti häntä "määrättömän suurta, ikuista kirkkautta" varten.

Paavalilla oli ikuinen ja hengellinen näkökulma. Hän tiesi, että hänen väsymyksensä oli vain hetkellinen tila ja että se, mikä häntä odotti taivaassa, oli äärettömän paljon suurempaa kuin se hetkellinen epämukavuus, jonka hänen senhetkiset vaikeutensa aiheuttivat. Hän tiesi myös, että vaikka hänen fyysinen ruumiinsa olikin hitaasti murtumassa, hänen sisäinen hengellinen ihmisensä sai kokea uudistumista joka päivä – ja tämä oli ehdottomasti paljon tärkeämpää.

Kohdassa 2. Kor. 5:9-21 Paavali siirtyy puhumaan viidestä seikasta, jotka motivoivat häntä evankelioimaan. Kun näitä viittä seikkaa tarkastellaan 2. Korinttolaiskirjeen luvun 4 pettymysten ja lannistamisen taustaa vasten, voidaan olla varmoja siitä, etteivät ne ole pelkkää teoriaa. Ne todella ovat juuri niitä käytännöllisiä motiiveja, joiden avulla Paavali kykeni selviämään lannistamisesta ja pettymyksistään ja jatkamaan kadotettujen tavoittamista hyvällä sanomalla Jeesuksesta.

Kristuksen tuomio
Toisen Korinttolaiskirjeen jakeet 5:10-11 osoittavat, että "Herran pelko", totuus Kristuksen tuomiosta, oli Paavalin evankelioivan toiminnan ensisijainen motiivi. Hän tiesi joutuvansa kerran Kristuksen valtaistuimen eteen saamaan tuomionsa. Samaa korostetaan myös kohdassa 1. Kor. 3:5-15.

Kadotettujen tavoittaminen

Meidän tuomiomme
Monissa Jeesuksen vertauksissa opetetaan, että me joudumme tilille niistä lahjoista ja mahdollisuuksista, joita Jumala on meille antanut. Meidän täytyy kerran selvittää Kristukselle, kuinka olemme käyttäneet aikaamme, varojamme, lahjojamme ja voimiamme evankeliumin työn hyväksi.
Saatamme kyllä kyetä huijaamaan muita ja oikeuttamaan toimettomuutemme itsellemme, mutta jakeet 1. Kor. 4:1–5 osoittavat, että Kristus paljastaa sydämemme salaiset tarkoitusperät. Jos todella ymmärrämme, mistä tuomion päivässä on kyse ja mitä palkkioita uskollisille silloin annetaan – ja toisaalta mitä menetyksiä ja pettymyksiä epäuskolliset joutuvat silloin kohtaamaan – teemme kaikkemme tavoittaaksemme kadotetut evankeliumilla. Tästä voidaan lukea jakeesta 1. Kor. 3:15.

Heidän tuomionsa
Myös kadotetut joutuvat kohtaamaan Kristuksen tuomion tuona suurena ja pelottavana päivänä. Heidän sokeat silmänsä avataan, ja he näkevät itsensä vihdoin sellaisena, mitä he todella ovat.
Monet kadotetuista vaikuttavat hyviltä ja kunnollisilta ihmisiltä: he huolehtivat muista, tekevät paljon työtä yhteiskunnan muuttamiseksi oikeudenmukaisemmaksi ja elävät tyytyväistä ja rauhaisaa elämää. Heidän hengellinen kadonneisuutensa ei siis ole suoraan ilmeistä. Kun Kristus tuomitsee maailman, hän jakaa ihmiset kuitenkin ainoastaan kahteen joukkoon: lampaisiin ja vuohiin, vanhurskaisiin ja epävanhurskaisiin, pelastettuihin ja kadotettuihin ja niin edelleen.
Raamatun selkein, vahvin ja yksityiskohtaisin opetus viimeisestä tuomiosta on Jeesuksen suusta. Hän ilmoittaa pelastusta koskevan hyvän sanoman *ja* hän varoittaa kadotettuja tuomiosta ja kehottaa heitä tekemään parannusta. Tietoisuutemme tuomiosta, ymmärryksemme taivaasta ja helvetistä, tulisi siis saada meidätkin tavoittamaan suurella

Evankelioinnin motiivit

myötätunnolla kadotettuja *sekä* pyhillä varoituksilla *että* evankeliumin anteeksiannolla.

Meidän täytyy muistaa, että kadotettuja odottaa helvetissä todellinen ahdinko. Jotkut hengelliset johtajat yrittävät sanoillaan lieventää helvetin ahdinkoja ja saada sen näyttämään vähemmän kauhealta paikalta. He väittävät, että helvetissä on kyse *hävittämisestä* ja että kadotettujen lopullinen olotila on heidän olemassaolonsa loppuminen. Toiset saat sanovat, että kaikki ihmiset pelastetaan lopulta helvetistä – tämä on eräänlaista *universalismia*. Jeesus, jolta Raamatun selkein helvettiä koskeva opetus on peräisin, kuitenkin opetti, että kadotetut ovat tietoisessa tilassa kuolemansa jälkeen (ks. esim. Matt. 13:40–42) ja että helvetti on ikuisen tulen ja rangaistuksen paikka (ks. esim. Matt. 25:46).

Kun ymmärrämme jotakin Paavalin oikeanlaisesta ja terveestä "Herran pelosta", sillä on meihin kaksi positiivista vaikutusta:

- ◆ Evankelioinnista tulee meille kiireellinen tehtävä. Käytämme kaikkia mahdollisia tapoja ja tilanteita julistaaksemme sanomaa, sillä haluamme ansaita "hyvin tehty"-kiitoksemme ja saada ihmiset kääntymään pois tuhon tieltä.

- ◆ Alamme elää sanomamme mukaan. Kohdat 2. Kor. 4:2, 5:11, 6:3 ja 1. Tess. 1:5 paljastavat Paavalin varmuuden omasta suoraselkäisyydestään ja lahjomattomuudestaan. Mitä enemmän pohdiskelemme Kristuksen tuomiota, sitä enemmän alamme elää evankeliumin osoittamalla tavalla.

Selkeä ymmärrys Kristuksen tuomiosta on läpi historian ollut seurakunnan suurin motivoiva voima evankelioida. Tämä voi tietenkin vääristyä "helvetin tulesta" saarnaamiseksi, josta puuttuu kaikki myötätunto ja jota ei löydy myöskään Uudesta testamentista. Kuitenkin ne seurakunnat, jotka jättävät huomiotta totuuden Kristuksen tuomiosta, eivät yleensä koe evankeliointia kiireellisenä asiana ensinkään.

Kadotettujen tavoittaminen

Kristuksen rakkaus

Toisen Korinttolaiskirjeen jae 5:14 paljastaa, että "Kristuksen rakkaus" oli toinen voimakas motiivi, joka sai Paavalin jatkamaan evankelioimista – silloinkin, kun hän joutui kokemaan pettymyksiä, lannistamista, apatiaa ja uupumusta.

Tässä jakeessa Paavali käyttää kreikan kielen verbiä *sunecho*, joka käännetään usein sanalla "pakottaa" tai "vaatia". Se tarkoittaa "puristuksissa" tai "valtaamana" olemista, ja sillä kuvataan sairauden "vallassa" olemista, jonkun henkilön "kaappaamana" olemista, pelon "otteessa" olemista ja sormien "painamista" korviin – esimerkiksi kohdissa Matt. 4:24; Luuk. 4:38, 8:37, 8:45, 12:50, 19:43, 22:63; Ap. t. 7:57 ja 28:8.

Vaikka suomenkielisissä raamatunkäännöksissä sanotaankin Luukkaan evankeliumin jakeessa 12:50, että Jeesus oli "ahdistuksessa" tai "ahdistettu", kyseisessä jakeessa käytetty sana on *sunecho*. Jeesus oli siis voimakkaan liikkeelle panevan voiman otteessa, joka ohjasi häntä kohti ristiä. Sama havaitaan myös jakeessa 2. Kor. 5:14: Jumalan rakkaus "puristi", "piti otteessaan" tai "ohjasi" Paavalia. Jumalan rakkaus on se pyhä voima, joka motivoi Paavalia pääsemään omien henkilökohtaisten lannistumistensa yli ja jatkamaan evankelioimista.

Kyseisessä jakeessa (2. Kor. 5:14) Paavali kirjoittaa Jumalan rakkaudesta *Golgatan* asiayhteydessä. Jae 15 osoittaa ristin saaneen aikaan sen, ettei Paavali voinut enää elää itseään varten. Hänestä oli maksettu hinta, ja sen tähden hänen täytyi elää Poikaa varten, joka oli rakastanut häntä niin paljon.

Roomalaiskirjeen jakeessa 5:5 Paavali kirjoittaa Jumalan rakkaudesta *helluntain* asiayhteydessä. Aina kun Uudessa testamentissa kerrotaan opetuslasten täyttymisestä Hengellä, hyvin pian sen perään kerrotaan myös siitä seuranneesta evankelioinnista – tämä havaitaan esimerkiksi kohdissa Ap.t. 2:4–11, 4:31–34 ja 9:17–22.

Voidaankin sanoa, että Jumalan rakkaus paljastettiin opetuslapsille Golgatalla ja vuodatettiin heihin helluntaina ja

Evankelioinnin motiivit

että juuri tämä myötätuntoinen jumalallinen rakkaus motivoi heitä evankelioimaan.

Liian monet nykyuskovat evankelioivat velvollisuudentunnosta pikemmin kuin sen tähden, että Jumalan rakkaus on saanut otteen heistä ja saa heitä liikkeelle. Ensimmäisen Tessalonikalaiskirjeen jae 2:8 osoittaa, ettei meitä ole kutsuttu ainoastaan "antamaan (h)eille Jumalan evankeliumia" vaan meidät on lisäksi kutsuttu antamaan heille elämämme.

Jos emme ole täynnä Jumalan rakkautta, emme luultavasti myöskään ole motivoituneita evankelioimaan, sillä hengellisen elämämme köyhyyden tähden meillä ei juurikaan olisi edes mitään sanottavaa. Tuore kokemus Jumalan rakkaudesta kuitenkin "pakottaa" meitä nopeasti alkamaan levittää hyvää sanomaa Jeesuksesta.

Kristuksen voima
Toisen Korinttolaiskirjeen jae 5:17 puhuu selvällä tavalla Kristuksen mahtavasta voimasta. Sanatarkasti käännettynä kyseinen jae on kuin lehtiotsikko: "Jos joku on Kristuksessa – uusi luomus". Tämä on evankeliumin ihmeellinen innoitus.

Tämä uuden luomuksen käsite on olennainen osa evankeliumin sanomaamme. Kristillisyyttä pidetään liian usein pakokeinona pahasta maailmasta, jolloin sen sijaan, että antaisimme aikaamme särkyneelle maailmalle ja pyrkisimme olemaan uuden luomuksen edustajia Kristuksen voimassa, me todellisuudessa vetäydymmekin pois maailmasta. Taivas on tietenkin hyvin todellinen lupaus, mutta tällainen pakeneminen ei ole lainkaan raamatullista. Kristillisyydessä on kyse myös luotujen, luomakunnan, uudistumisesta – ei ainoastaan toivosta paremmasta tulevaisuudesta.

Ihmeellinen totuus on, että uusi luomakunta on jo alkanut Jeesuksen ylösnousemuksesta. Kun Jeesus nousi kuolleista, hän kukisti suuret viholliset, synnin ja kuoleman, jotka olivat pilanneet Jumalan alkuperäisen luomakunnan. Uudessa luomakunnassa ei siis ainoastaan ole kyse tulevaisuudessa koittavasta uusista taivaista ja uudesta maasta, vaan siinä on

Kadotettujen tavoittaminen

myös kyse "tästä hetkestä". Tämä on evankeliumin hyvä sanoma, ja sen täytyy olla osa sitä, kuinka osoitamme evankeliumia todeksi ja kuinka julistamme sitä, sillä evankeliointi on ihmisten kutsumista osaksi uutta luomakuntaa – Kristuksen voimassa – tässä ja nyt.

Kristuksen voima on ainoa voima *kosmoksessa*, joka voi muuttaa ihmisluonnon. Jeesuksella on paljonkin sanottavaa käytöksestämme ja asenteistamme, mutta hän aloittaa aina tarjoamalla meille uuden sydämen ja uuden hengen.

Kun ymmärrämme Kristuksen valtavaa voimaa, asenteemme muita ihmisiä kohtaan muuttuvat väistämättä. Tämä havaitaan jakeessa 2. Kor. 5:16. Silloin emme enää tarkastele ihmisiä vain sellaisina, mitä he ovat, vaan alamme nähdä sitä potentiaalia, mitä heissä Kristuksessa on. Juuri tällainen näkökulma oli Ananiaksella Apostolien tekojen jakeessa 9:17, kun hän tervehti Damaskokseen häntä vangitsemaan tullutta miestä sanoilla: "Saul, *veljeni!*"

Paavali tiesi henkilökohtaisesta kokemuksesta, että Kristuksen seuraajien kiihkomielisestä vastustajasta oli tullut uusi luomus. Sen tähden hän myös tiesi, että Jumala voisi tehdä saman "kenelle tahansa" – ja tämä motivoi häntä toimimaan tehtävässään.

Vaikka Paavali oli loistava väittelijä, hän tiesi, että ihmisten täytyi olla "Kristuksessa" ollakseen uusi luomus. Evankeliointi ei ole ihmisten vakuuttamista siitä, että me olemme oikeassa – se on ihmisten tuomista Jeesuksen luo.

Tämä ei tarkoita, etteikö meidän pitäisi vastata ihmisten kysymyksiin tai käsitellä niitä syvällisiä asioita, joita heillä on mielensä päällä. Sen sijaan se tarkoittaa sitä, että ymmärrämme, etteivät sanat ja väittely *itsessään* riitä. Tämä havaitaan kohdassa 1. Kor. 2:4–5.

Paavalin tavoin meidänkin täytyy usein vakuutella ihmisiä vastaamalla heidän vastaväitteisiinsä ja osoittamalla heille, että uskossamme on järkeä. Ensisijaisen päämäärämme tulisi kuitenkin aina olla ihmisten johdattaminen Kristuksen luo – ei jonkin väittelyn voittaminen.

Evankelioinnin motiivit

Kun evankeliointi muuttuu vaikeaksi ja kohtaamme hankalia ihmisiä, jotka vastustavat evankeliumia, tieto siitä, ettei mikään ole liian vaikeaa Jumalalle, saa meidät jatkamaan. Ja kun olemme varmoja siitä, että Kristuksen voima pystyy muuttamaan aivan kenet tahansa, pysymme motivoituneina jatkamaan kadotetuista "kadotetuimpienkin" tavoittamista ilman, että kuitenkaan lannistuisimme.

Kristuksen palvelutyö
Toisen Korinttolaiskirjeen jae 5:18 paljastaa seuraavan tärkeän motiivin tavoittaa kadotettuja. Meille on annettu Kristuksen sovituksen virka.

Yksi tärkeimmistä teemoista läpi tämän *Hengen miekka* -kirjasarjan on jakeen 2. Kor. 6:1 totuus, ettei meillä ole omaa palvelutyötä vaan että olemme osa Kristuksen palvelutyötä. Tähän periaatteeseen keskitytään *Hengen miekka* -kirjasarjan osassa *Jumalan kirkkaus seurakunnassa*.

Jos evankeliointi olisi meidän oma palvelutyömme, olisi meidän tehtävämme päättää, kuinka paljon aikaa ja voimavaroja meidän tulisi palvelutyöhömme laittaa. Mutta koska se on Kristuksen palvelutyö, meidän täytyy noudattaa hänen esimerkkiään ja olla kaikessa kuuliaisia hänelle.

Jakeessa 2. Kor. 5:18 todetaan, että meille on uskottu osallisuus Kristuksen sovituksen virkaan. Kun evankelikaaliset tai helluntailaiset ajattelevat ristiä, he painottavat usein *lunastusta, vanhurskauttamista* ja *anteeksiantoa*. Nämä ovat kyllä Kristuksen pelastavan ristintyön tärkeitä raamatullisia puolia, mutta niiden yhteinen päämäärä on sovitus.

Meidät on "lunastettu" maksamalla meistä hinta, jotta voisimme olla sovitettuja. Jumala on julistanut meidät "vanhurskaiksi" Kristuksen kuoleman tähden, jotta me voisimme päästä sovintoon hänen kanssaan. Hän on "antanut meille anteeksi" Kristuksen veren vuoksi, jotta me voisimme päästä sovintoon hänen kanssaan, ja niin edelleen. Kuten opitaan kirjassa *Pelastus armosta*, sovitus ei ole vain yksi monista tavoista tarkastella Kristuksen kuolemaa. Se on juuri

Kadotettujen tavoittaminen

se merkittävä syy, joka on kaikkien niiden eri tapojen taustalla, joilla hänen kuolemaansa tarkastellaan.

Tulisikin siis myös olla ilmeistä, että "sovituksen" ja "kadotettuna olemisen" käsitteet liittyvät yhteen. Kadotettujen suurin tarve on tulla löydetyiksi – että heidät tuodaan takaisin sinne, missä heidän kuuluisi olla, että heidät palautetaan siihen suhteeseen, jota varten heidät luotiin, ja niin edelleen. Tämän vuoksi kaikki Jeesuksen vertaukset, joissa puhutaan rististä, keskittyvät kadotettuna olemiseen ja sovitukseen.

Sovituksessa on ennen kaikkea kyse kahden toisistaan vieraantuneen osapuolen yhteen tuomisesta. Mutta ennen kuin tätä voi tapahtua, täytyy vieraantumisen syy käsitellä. Jeesus oli välimies, sovittelija, joka toi ihmiskunnan ja Jumalan yhteen ottamalla itsensä päälle erilleen joutumisen syyn – synnin.

Kirjassa *Isän tunteminen* selvitetään, että Jeesus oli "osallistuva sovittelija", ei "ulkopuolinen sovittelija". Hän meni meidän puolestamme sinne, minne me emme voineet mennä, jotta me voisimme seurata hänen perässään ja tehdä sitä, mitä emme aiemmin voineet tehdä. Kun Jumala siis ensin sai Kristuksessa aikaan kosmoksen sovituksen, hän on nyt uskonut meille tämän armontäyteisin sovituksen viran.

Sovitus
Kristuksen sovituksen virka on keskeinen asia evankelioinnissa. Me julistamme, osoitamme todeksi ja elämme hyvää sanomaa, jotta miehet ja naiset voisivat päästä sovintoon Jumalan kanssa Kristuksen kautta.

Jeesus oli sekä täydellinen esimerkki sovituksesta että täydellinen syntien sovittaja. Koska hän oli täysin Jumala *ja* täysin ihminen, sovitus tuli hänessä lihaksi. Ja koska hän eli läheisessä suhteessa Jumalan *ja* ihmisten kanssa, hän kykeni saamaan sovituksen aikaan. Meidänkin tulee siis olla *sekä* lähellä Jumalaa *että* lähellä ihmisiä voidaksemme palvella tehokkaasti sovitukseen liittyvissä asioissa.

Evankelioinnin motiivit

Evankeliointi epäonnistuu, jos emme ole lähellä Jumalaa. Ilman rukousta, täydellistä riippuvuutta Hengestä ja Jumalan tahdon ja Sanan tuntemista turvaudumme inhimillisiin strategioihin ja tapoihin. Kuollut, rakkaudeton, lakia painottava evankeliointi ei vedä kadotettuja Jumalan puoleen – se ajaa heidät entistäkin kauemmaksi. Sen sijaan evankeliointi, joka on ylitsevuotavan täynnä elävää ja rakastavaa suhdetta Jumalan kanssa, taas houkuttelee kadotettuja Jumalan luo. Taitavat sanat eivät koskaan korvaa vilpitöntä myötätuntoa. Meidän täytyy osoittaa elämällämme, että todella olemme uusi luomus.

Evankeliointi kuitenkin epäonnistuu myös, jos emme ole lähellä ihmisiä. Jeesus lähetti meidät maailmaan olemaan maailman suola. Monet uskovat ovat kuitenkin niin tiiviisti mukana kaikessa seurakunnassa tapahtuvassa toiminnassa, etteivät he käytännössä ole missään tekemisissä maailman kanssa. Sen seurauksena heidän evankeliointinsa saattaa näyttäytyä keinotekoisena ja väkinäisenä pikemmin kuin olla sellaista, mitä aito ystävyys luonnostaan synnyttää.

Todellisessa evankelioinnissa on kyse hyvänä sanomana olemisesta eikä vain hyvän sanoman kertomisesta. Juuri tätä Jeesus tarkoitti Matteuksen evankeliumin jakeessa 5:16, kun hän sanoi: "Näin loistakoon teidänkin valonne." Evankelioinnissa on kyse muutoksen tuomisesta maailmaan Jumalan puolesta sekä aktiivisesti todistamalla että olemalla suolana ja valona yhteiskunnassa. Kristittyjen tuleekin siis olla vaikuttamassa hyvää yhteiskunnassa, pyrkimässä tuomaan siihen muutosta Jumalan valtakunnan puolesta, mutta samalla myös olla valmistamassa ihmisiä valtakunnan hyvää sanomaa varten.

Kristuksen kuolema
Toisen Korinttolaiskirjeen jakeet 5:18–21 osoittavat, että risti itsessään on raamatullisen evankelioinnin viides ja viimeinen pakottava motiivi. Tätä vahvistaa myös Heprealaiskirjeen jae 12:3.

Kadotettujen tavoittaminen

Jakeessa 21 vaikuttaa siltä kuin Paavali yrittäisi tehdä yhteenvedon kaikista niistä motiiveista, joiden avulla hän kykeni pääsemään lannistumisten ja pettymysten yli. Paavali ymmärsi, että synnitön Jeesus oli tullut synniksi hänen tähtensä, jotta hän voisi Kristuksessa tulla Jumalan vanhurskaudeksi (vrt. v. 1938 käännös, suom. huom.). Juuri tämän asian ihmeellisyys sai hänet jatkamaan kadotettujen tavoittamista hyvällä sanomalla.

Me otamme Golgatan tapahtumat joskus itsestäänselvyytenä. Siihen liittyvät sanat ja ajatukset ovat niin tuttuja, ettemme muista arvostaa tuon jumalallisen uhrin valtavaa suuruutta. Jae 21 osoittaa, että Paavali sai innoitusta evankelioida hänen vahvasta tietoisuudestaan siitä, että Golgatalla Jumala vuodatti ihmisten syntien kaiken saastan ja kivun täydellisen Jeesuksen päälle – jopa niin hirvittävällä tavalla, että Kristus todella tuli synniksi.

Paavali kirjoittaa sovituksesta Kolossalaiskirjeen jakeissa 1:19–22 ja painottaa niissä sitä, että Jumala teki rauhan meidän kanssamme ristin veren kautta (vrt. v. 1938 käännös, suom. huom.). Tämä todistaa, ettei evankeliointi ollut helppoa Jeesukselle, sillä sovituksen virka kirjaimellisesti maksoi hänelle hänen elämänsä. Voidakseen sovittaa maailman Jeesuksen täytyi ottaa omakseen ihmisten synti ja kokea itse ihmisten "kadotettuna oleminen".

Tämä juuri on se virka tai palvelutyö, johon meidät on kutsuttu osallisiksi Kristuksen kanssa hänen työtovereinaan. Siihen kuuluu uhrautumista. Se ottaa avosylin vastaan Jumalan pyhyyden ja maailman saastan ja kietoo ne yhteen Kristuksessa. Tämä on se ihmeellinen tapa, jolla Jumala on päättänyt paljastaa itsensä kadotetulle maailmalleen, ja meillä on tärkeä osamme siinä. Kuten Paavalikaan ei lannistunut, mekään emme saa koskaan lannistua.

Osa 4

Evankelioinnin sanoma

Edellä havaittiin, että tärkeä ominaisuus raamatullisessa evankelioinnissa on ajatus siitä, että sanansaattaja julistaa Kuninkaan sanomaa. Vaikka kadotettujen tavoittamiseksi tarvitaankin yleensä muutakin kuin pelkkää saarnaamista ja todistamista, tulee hyvää sanomaa kuitenkin aina julistaa suullisesti sen yhteydessä, kun evankeliumia osoitetaan näkyvällä tavalla todeksi tunnusteoin ja ihmein.

Jumalan sanoma

Osassa 1 todettiin, että evankeliumi on sekä hyvä sanoma kolmiyhteiseltä Jumalalta että hyvä sanoma kolmiyhteisestä Jumalasta. Se on *hänen* sanomansa: Kuninkaan hyvä sanoma.

Kirjoissa *Elävä usko* ja *Jumalan tunteminen* selvitetään, että jokainen Jumalan sana – jokainen hänen ilmoituksensa – on pohjimmiltaan ilmoitus hänestä itsestään. Tämä havaitaan heprean kielen sanasta *dabar*, mutta kaikista selvimmin se havaitaan Jeesuksessa – joka on Jumalan henkilökohtainen Sana. Tämä korostaa sitä tosiasiaa, että evankeliumi on pohjimmiltaan Jumalan itsensä antama ilmoitus omasta armollisesta luonnostaan – se on hänen hyvä sanomansa itsestään.

Apostoli Paavali painottaa tätä 1. Korinttolaiskirjeen jakeessa 2:1, jossa hän kertoo, ettei hän tuonut inhimillistä viisautta vaan pikemminkin Jumalan todistuksen (vrt. v. 1938 käännös, suom. huom.). Edellä havaittiin, että Paavali piti itseään sanansaattajana, eli hän toimitti herransa sanoman perille lisäämättä siihen mitään, muuttamatta sitä mitenkään ja jättämättä siitä mitään pois.

Kadotettujen tavoittaminen

Sama koskee myös Jeesusta. Johanneksen evankeliumin jakeissa 12:49-50 havaitaan, kuinka Jeesus selvitti puhuvansa ainoastaan sen, mitä Isä oli käskenyt hänen sanoa. Hänen julistamansa evankeliumi oli evankeliumi, jonka Isä oli antanut hänelle julistettavaksi: Jeesus ei lisännyt siihen mitään, ei muuttanut sitä mitenkään eikä jättänyt siitä mitään pois.

Tätä totuutta on lähes mahdotonta korostaa liikaa. Julistamamme sanoma ei ole oma sanomamme, jota voisimme muokata haluamallamme tavalla: se on Jumalan henkilökohtainen sanoma kadotetuille, ja meidän tulee välittää se sellaisenaan eteenpäin. Vaikka meidän tuleekin selittää sanoma tilanteeseen sopivilla sanoilla, joita kadotetut ymmärtävät – kuten Jeesuskin teki keskustellessaan samarialaisen naisen kanssa –, emme saa kuitenkaan muuttaa evankeliumin ydintä tehdäksemme siitä "hyväksyttävämmän".

Jumala on Luoja

Ensimmäisessä Mooseksen kirjassa Raamattu esittelee Jumalan *Luojana*, ja läpi koko Raamatun, sekä Vanhassa että Uudessa testamentissa, hänet ilmoitetaan toistuvasti taivaan ja maan sekä kaiken maan päällä olevan ainoana Luojana.

Tämä havaitaan esimerkiksi kohdissa 1. Moos. 1:1; 5. Moos. 4:32; Ps. 89:12, 148:5; Saarn. 12:1; Jes. 40:28, 42:5, 43:15, 45:8, 65:17; Hes. 28:13-15; Aam. 4:13; Mal. 2:10; Mark. 13:19; Ef. 3:9; Kol. 1:16; 1 Tim. 4:3; 1 Piet. 4:19 ja Ilm. 4:11.

1900-luvulla monet uskovat ja seurakunnat eivät ilmoittaneet Jumalaa Luojana, sillä he ajattelivat, ettei se ollut hyväksyttävä totuus tuollaisella tieteellisellä aikakaudella. Voidaan kuitenkin sanoa, että Jumalan ainutlaatuinen isällinen arvovalta lepää juuri hänen ainutlaatuisen luovan luontonsa varassa ja että Jeesuksen kiistämätön maailmankaikkeuden herruus kumpuaa juuri siitä tosiseikasta, että luomakunta tehtiin hänen toimestaan ja häntä varten. Jos jätämme perustuksen huomiotta, johtopäätöksemme eivät koskaan tule olemaan järkeenkäypiä.

Evankelioinnin sanoma

Aina kun uskovat päättävät olla ilmoittamatta sanomaa siitä, että Jumala on kaiken Luoja, he todennäköisesti päätyvät tekemään kaksi vakavaa virhettä.

◆ He laiminlyövät evankeliumin *kosmos*-puolen ja jättävät huomiotta toivon "uudesta luomakunnasta".

◆ He evankelioivat tavalla, joka antaa ymmärtää, että miehet ja naiset ovat maailmankaikkeuden keskus.

Jos evankelioidessa ei julisteta, että Jumala on Luoja ja Herra, keskitytään lähes väistämättä inhimillisiin tarpeisiin pikemmin kuin jumalalliseen käskyyn, jonka mukaan kaikkien tulee polvistua Jeesuksen edessä. Meidän on syytä muistaa, että evankeliumin ydintä ei ole ihmiskeskeinen sanoma "Jeesus täyttää kaikki tarpeesi" eikä myöskään se, että autamme ihmisiä päättämään, onko Jeesus totta vai ei. Jumala ei ole meidän syytettyjen penkillämme, vaan me olemme hänen syytettyjen penkillään.

Meidän tulee muistaa, että Jeesuksen evankeliumi on sanoma siitä, että valtakunta, Jumalan henkilökohtainen hallintavalta, on tullut. Laillinen hallitsija käskee meitä nyt lopettamaan kapinoimisemme, ottamaan vastaan hänen aikaansaamansa sovinnon ja tunnustamaan hänen hallintavaltansa kaikilla elämämme osa-alueilla. Jumala voi esittää tällaisia vaatimuksia, sillä hän loi meidät – me kuulumme hänelle. Ihmiskeskeinen evankeliointi on lyhytkatseista, epäraamatullista ja tuomittu epäonnistumaan.

Kun hyväksymme, että Jumala on Luoja (ja siten myös Herra), alamme ymmärtää, että hän on kiinnostunut aivan kaikista elämän osa-alueista. Jos kerran hän on Luoja, hän on väistämättä kiinnostunut kaikesta luomastaan – koko *kosmoksestaan*. Hän on kiinnostunut työoloista, reilusta kaupankäynnistä, saastumisesta, kaupunkien asioista, rikkaiden ja köyhien välisestä kuilusta, oikeudenmukaisuudesta, sodista, perheiden hajoamisesta, asekaupasta, aborteista, eutanasiasta, geneettisistä kokeiluista, kansainvälisistä veloista, ilmaston lämpenemisestä ja niin edelleen. Evankeliumin sanomalla on

Kadotettujen tavoittaminen

seuraamuksia kaikille elämän osa-alueille – niin sosiaalisille, taloudellisille, poliittisille kuin kulttuurillisille.

Ymmärrämmepä sitä tai emme, kaikki ihmiset joutuvat selviämään viidenlaisista ongelmista. Näitä ovat:

◆ henkilökohtaiset ongelmat

◆ perheisiin liittyvät ongelmat

◆ yhteisölliset ongelmat

◆ kansalliset ongelmat

◆ maailmanlaajuiset ongelmat.

Kaikilla näillä erityyppisillä ongelmilla on vaikutusta myös toisiinsa, mutta Luoja Jumala on kiinnostunut erikseen kaikista viidestä joukosta ongelmia. Hän teki pelastustyönsä, jotta voisi ratkaista kaikki viisi ja sovittaa maailmansa itsensä kanssa.

Nykyuskovat saarnaavat aivan liian usein sellaista evankeliumia, joka antaa ymmärtää, että Jumala on ainoastaan kiinnostunut henkilökohtaisista ongelmista ja ettei hänellä ole minkäänlaista sanomaa – evankeliumin "hyvää sanomaa" lukuun ottamatta – koskien maailmanlaajuisia, kansallisia, yhteisöllisiä tai perheisiin liittyviä ongelmia. Mutta Jumala on Luoja, ja tämä puoli hänen ilmoitustaan itsestään täytyy myös pitää osana evankelioivaa julistamista.

Jumala on Lunastaja

Sekä Vanhassa että Uudessa testamentissa Jumala esitetään toistuvasti myös *Lunastajana*. Tämä havaitaan esimerkiksi kohdissa 5. Moos. 15:15, 21:8, 24:18; 2. Sam. 7:23; 1. Aik. 17:21; Neh. 1:10; Job 19:25; Ps. 19:14, 31:5, 49:15, 72:14, 74:2, 77:15, 78:35, 103:4; Sananl. 23:11; Jes. 43:14, 44:22–24, 47:4, 52:9, 63:16; Jer. 15:21, 50:34; Valit. 3:58; Miika 4:10; Sak. 10:8; Luuk. 1:68; Gal. 3:13, 4:5 ja Ilm. 5:9.

Nykypäivän evankelioinnissa liian monet uskovat julistavat ainoastaan sitä, että Jumala on Lunastaja. Raamatullinen evankeliointi kuitenkin julistaa aina kaksiteräistä ilmoitusta Jumalasta Luojana *ja* Lunastajana. Tämä havaitaan erityisen

Evankelioinnin sanoma

selvästi Apostolien tekojen jakeissa 17:22-34. Itse asiassa pohjimmiltaan juuri siitä syystä, että Jumala on Luoja, hän myös toimii Lunastajana sovittaakseen *oman* maailmansa – siis tehdäkseen tämän maailman, jonka hän alun perin loi hyväksi, taas sellaiseksi kuin sen kuuluu olla.

Vanhassa testamentissa "lunastaa" tarkoittaa vapauttamista tai jonkun päästämistä vapaaksi maksamalla hänen velkansa tai kostamalla jokin vääryys. Noina aikoina vain *lähisukulainen* pystyi lunastamaan henkilön – esimerkiksi Ruutin kirjan jakeissa 4:1-11 Boas lunasti sukulaisensa Ruutin ostamalla takaisin Elimelekin maat ja omaisuuden. Jumalaa pidettiinkin Israelin Lunastajana, koska hän toimi vapauttaakseen *omat lapsensa* muiden kansojen orjuudesta. Juuri tämän vuoksi Jesajan kirjan jakeessa 63:16 Jumalasta sanotaan: "meidän isämme, meidän Lunastajamme" (v. 1938 käännös).

Uudessa testamentissa Paavali lainasi "lunastuksen" käsitteen oman aikansa elämästä. Tuolloin "lunastus" viittasi hintaan, joka maksettiin orjan vapauttamisesta kahleista, tai lunnaisiin, jotka maksettiin sotavangeista. Alkuseurakunta käytti sitten kyseistä sanaa kuvaamaan Kristuksen työtä hänen vapauttaessaan uskovat synnin kahleista ja lain orjuudesta.

Jeesuksen Kristuksen risti on keskeinen osa raamatullista ilmoitusta Jumalasta Lunastajana, sillä juuri siellä, vuodatetun verensä kautta, Kristus sai aikaan sekä henkilökohtaisen pelastuksen että *kosmoksen* sovituksen. Kohtien 1. Kor. 1:18-23 ja 15:1-14 kaltaiset jakeet osoittavat, että "ristiinnaulittu Kristus ja ylösnoussut Kristus" todella on hyvän sanoman ytimessä.

Raamatullinen sanoma
Kaikkina aikoina, kaikissa maanosissa ja kaikissa traditioissa risti on pysynyt kristillisen uskon yleismaailmallisena merkkinä. Risti yksinkertaisesti on keskeinen osa sekä koko Raamattua että täyttä evankeliumin sanomaa.

Kadotettujen tavoittaminen

Risti Vanhassa testamentissa
Aivan ensimmäisen Mooseksen kirjan jakeesta 3:15 lähtien Vanha testamentti valmistaa tietä ristille. Kertomus kertomukselta, psalmi psalmilta, profetia profetialta – kaikki osoittaa kohti ristiä.

Esimerkiksi kertomuksessa Abrahamista ja Iisakista Morian vuorella (1. Moos. 22) kerrotaan Iisakin täydellisestä luottamuksesta isäänsä ja hänen vapaaehtoisesta alistumisestaan kaikkeen, mitä Abraham sanoi ja teki – riippumatta siitä, kuinka kalliiksi se hänelle tuli. Jakeen 22:6 sanat "he jatkoivat yhdessä matkaa" ennakoivat Jeesuksen täyttä luottamusta Isäänsä ja hänen täydellistä alistumistaan – jopa ristinkuolemaan.

Myös kertomus Joosefista ja hänen veljistään ennakoi monia Jeesuksen kuolemaan ja ylösnousemukseen liittyviä seikkoja. Joosef kertoi itseään koskevia totuuksia, ja tämä herätti kateutta ja vihaa häntä kohtaan. Erityisesti hänen isänsä rakasti häntä. Hänen veljensä hylkäsivät hänet. Jumala nosti hänet korkeaan asemaan. Hän varastoi suuria määriä viljaa, niin että hän kykeni ruokkimaan kaikki, jotka tulivat hänen luokseen, kun heidän omat keinonsa olivat lopussa, ja niin edelleen. Kaikki tämä osoittaa kohti Jeesuksen hylkäämistä ja hänen kykyään ja haluaan – kuoleman ja ylösnousemuksen kautta – antaa elämä ja tyydytys kaikille niille, jotka ovat riittävän nöyriä tullakseen hänen luokseen tarpeidensa täyttymiseksi.

Kertomus israelilaisten vapauttamisesta Egyptin orjuudesta taas ennakoi vielä erästä toista ristiin liittyvää seikkaa. Kun farao yhä monien varoittavien vitsaustenkin jälkeen kieltäytyi päästämästä Jumalan kansaa vapaaksi, Jumala sanoi Moosekselle ja Aaronille, että jokaisen israelilaisen perhekunnan tuli uhrata täydellinen lammas tai vuohi ja sivellä sen verta kotiensa ovenpieliin. Sinä yönä Jumala surmasi jokaisen perheen esikoisen ja kaikki karjan esikoiset koko Egyptissä – mutta hän kulki niiden perhekuntien ohi, joiden kodit oli merkitty verellä.

Evankelioinnin sanoma

Nykyään Jumalan tuomio ja oikeudenmukainen kuolemantuomio väijyy maailman jokaisen perhekunnan yllä, mutta täydellinen karitsa uhrattiin Golgatalla, ja ne, jotka turvaavat hänen vereensä, säästetään, kun suuri ja kammottava tuomion päivä vihdoin koittaa.

Sankaritarina Daavidista ja Goljatista (1. Sam. 17) paljastaa vielä uuden puolen rististä. Toinenkin vihollinen – jopa Goljatiakin vaarallisempi –, joka johti jopa filistealaistenkin joukkoa voimakkaampaa ja suurempaa armeijaa, uhkasi myös Jumalan kansaa. Mutta toinenkin halveksittu ja hyljitty Iisain jälkeläinen – Betlehemissä syntynyt Jeesus – saavutti lopullisen ja täydellisen voiton tuosta vihollisesta ja hänen joukoistaan ja mursi täysin tuon vihollisen voiman kaikkien niiden puolesta, jotka uskovat.

Ja aivan kuten Daavidkin palasi taistelun jälkeen voittoaan juhlien takaisin Jerusalemiin ja jätti israelilaiset tuomaan voiton filistealaisista kotiin, samoin Jeesus palasi taivaaseen ja jätti rivisotilaansa tuomaan uskon kautta hänen saavuttamansa voiton kukistetusta vihollisesta kotiin.

Psalmin 22 ja Jesajan kirjan luvun 53 kaltaiset erittäin tutut Vanhan testamentin kohdat puhuvat hämmästyttävän tarkasti Jeesuksen tulevista kärsimyksistä ristillä, mutta ristin varjo häilyy kaikkien Vanhan testamentin 39 kirjan päällä ja hyvän sanoman jokainen puoli on tavalla tai toisella nähtävissä jo etukäteen.

Risti on itse asiassa niin selkeästi esillä Vanhassa testamentissa, että Jeesus nuhteli Kleopasta ja hänen matkakumppaniaan (Luuk. 24:13–27) siitä, etteivät nämä olleet ymmärtäneet sitä, mitä profeetat olivat kirjoittaneet. Tämän jälkeen Jeesus osoitti heille Vanhan testamentin kirjoituksista, kuinka niissä oli ilmoitettu, että Messias tulisi kärsimään ristin ja astumaan kirkkauteensa.

Risti Uudessa testamentissa
Risti on Uuden testamentin hallitseva teema. Esimerkiksi yli kolmasosassa evankeliumeja käsitellään Kristuksen

Kadotettujen tavoittaminen

kärsimyksiä, Johannes Kastajan ensimmäinen Jeesusta koskeva kommentti viittasi Jeesuksen kuolemaan, Mooses ja Elia keskustelivat kirkastusvuorella Jeesuksen tulevasta kuolemasta ja heti, kun opetuslapset olivat ymmärtäneet, että Jeesus oli Jumalan Poika, Jeesus alkoi opettaa heille tulevasta kuolemastaan ja ylösnousemuksestaan. Nämä havaitaan kohdissa Joh. 1:29; Luuk. 9:30–31 ja Matt. 16:21–23.

Paavali palaa kirjeissään toistuvasti ristiin, ja Galatalaiskirjeen jae 6:14 on osuva yhteenveto hänen kirjoituksistaan ja saarnoistaan. Nykyään monet uskovat intoilevat Jeesuksen ihmeistä ja toiset taas hänen opetuksistaan tai pyhästä esimerkistään. Paavali kuitenkin tiesi, että keskeinen asia oli juuri risti – koska siellä Isä teki Pojan synniksi meidän tähtemme, niin että me voisimme tulla sovitetuiksi Jumalan kanssa. Tämä – ja vain tämä – on evankeliumin ydin.

Heprealaiskirjeessä käsitellään laajasti sitä, mitä risti sai aikaan, ja Kristuksen kuolemaa tarkastellaan siinä Vanhan testamentin valossa uhrijärjestelmän täyttymyksenä. Siinä painotetaan, että me voimme astua luottavaisina Jumalan pyhään läsnäoloon vain siksi, koska Kristus antoi itsensä kertakaikkisena, yksittäisenä uhrina synnin vuoksi. Tämä havaitaan esimerkiksi Heprealaiskirjeen jakeissa 9:26, 10:12 ja 10:19.

Pietarin kirjeistä löytyy osa yksinkertaisimmista Raamatun opetuksista rististä (ks. 1. Piet. 3:18), ja Johanneksen kirjeissä painotetaan sitä, että veri on sovituksen ja yhteyden perusta (ks. 1. Joh. 1:7).

Jopa Ilmestyskirjassa, vaikka se keskittyykin lopunaikoihin, keskiöön nostetaan karitsa, joka on teurastettu. Siinä myös paljastetaan, että kaikki taivaallinen palvonta juhlistaa juuri ristin ihmeellisyyttä. Tämä havaitaan Ilmestyskirjan luvussa 5.

Historiallinen sanoma
Tämän yksinkertaisen yleiskatsauksen Raamattuun tulisi muistuttaa meitä siitä, että risti on keskeinen asia Raamatun

Evankelioinnin sanoma

kirjoituksissa ja että sen tulisi siksi olla keskeinen asia myös evankelioinnissamme.

Raamatullisten periaatteiden esittäminen pelkällään ei kuitenkaan usein riitä. Tässä skeptisessä ajassa ihmiset usein hylkäävät kertomuksen Jeesuksesta satuna tai pyrkivät tulkitsemaan sen myytiksi. Tämän vuoksi meidän täytyykin kyetä ankkuroimaan evankeliumin sanomamme todellisiin historiallisiin tapahtumiin.

Evankeliumi ei ole ainoastaan subjektiivinen sanoma rakkaudesta, ilosta ja rauhasta, se on myös objektiivinen sanoma, joka perustuu todellisiin, hyvin dokumentoituihin historiallisiin tapahtumiin. Meidän on tärkeää ymmärtää, kuinka vankkoja ja uskottavia evankeliumeihin liittyvät tosiseikat todellisuudessa ovat – ja kertoa tämä myös muille.

Dokumentoidut todisteet

On tietenkin selvää, ettei mitään historiallista selvitystä jonkin tapahtuman kulusta koskaan voida täysin "todistaa oikeaksi" kaikkien yksityiskohtien osalta. Voimme kuitenkin vastata älyllisiin kysymyksiin, jotka koskevat sitä, milloin evankeliumit kirjoitettiin, viitataanko niissä tosiseikkoihin, jotka tunnetaan myös muista lähteistä, heijastelevatko meidän käytössämme olevat kopiot sitä, mitä alun perin kirjoitettiin, ja tukevatko erilliset lähteet niissä kerrottuja tapahtumia.

Mitä tulee evankeliumeihin, meillä on:

♦ joitakin hyvin harvinaisia kreikankielisen Uuden testamentin osia, joista ainakin yksi on todistetusti ajalta 30–50 vuotta sen jälkeen, kun kyseinen teksti ensimmäisen kerran kirjoitettiin – (Tämä saattaa vaikuttaa suurelta aikaväliltä, mutta verrattuna muihin antiikin Kreikan kirjoituksiin se todella nostaa Uuden testamentin käsikirjoitukset aivan omaan luokkaansa. Historioitsijat esimerkiksi pitävät sellaisten henkilöiden kuin Herodotos, Thukydides, Platon ja Josephus kirjoituksia yleensä itsestään selvästi aitoina, vaikka varhaisimmat näiden henkilöiden kirjoituksista

Kadotettujen tavoittaminen

tehdyistä käsikirjoituksista on kirjoitettu vähintään tuhat vuotta alkuperäisen kirjoitusajankohdan jälkeen.)

◆ suurin osa kreikankielisestä Uudesta testamentista 200-luvun alkupuolelta ja useita osia 200-luvulta

◆ yhä lukuisampia lähes täydellisiä kreikankielisiä versioita Uudesta testamentista 300-luvulta

◆ useita täydellisiä käsikirjoituksia 300-luvulta viidessä eri kielessä, jotka käännettiin alkuperäisestä kreikankielisestä tekstistä 100–300-lukujen aikana

◆ yli 20 000 lainausta Uudesta testamentista muissa 0–200-luvun kirjoituksissa.

Lyhyesti sanottuna kirjalliset todisteet nykyajan Uuden testamentin kieliasun oikeellisuudesta ovat verrattomasti paremmat ja lukuisammat kuin minkään muun antiikin ajan teoksen. Tätä ei voi millään järkisyyllä kumota.

Arkeologiset todisteet
Nykyarkeologia on todistanut paikkansa pitäviksi suurimman osan Uuden testamentin tapahtumiin liittyvistä yksityiskohdista. Tämä osoittaa, että Uuden testamentin kirjoittajat olivat tarkkaavaisia tarkkailijoita, ja se myös auttaa määrittämään, milloin Uuden testamentin kirjat kirjoitettiin.

Esimerkiksi Luukkaan evankeliumissa käytetään oikein viittätoista eri arvonimeä, joita Rooman eri hallitsijoista käytettiin. Luukas esimerkiksi kutsuu Filippoksen hallitsijoita nimellä *praetors*, Korintissa vaikuttanutta Galliota nimellä *proconsul* ja Tessalonikan siviiliviranomaisia nimellä *politarchs*. Tämä todistaa Luukkaan luotettavuudesta historioitsijana ja osoittaa, että hänen evankeliumiinsa voidaan luottaa – Luukas ei ole jokin myöhäisempi historioitsija, joka yrittää huijata ja asettaa itsensä johonkin varhaisempaan aikaan.

1800-luvulla suurin osa oppineista ajatteli, ettei Uusi testamentti kokonaisuutena ollut kirjoitettu ensimmäisellä vuosisadalla. He epäilivät Uuden testamentin todistusta,

Evankelioinnin sanoma

koska siinä viitattiin niin usein sellaisiin asioihin, joista ei ollut mainintaa missään muussa lähteessä. Riippumaton 1900-luvun arkeologia on kuitenkin osoittanut Uuden testamentin oikeellisuuden ja pakottanut näin nykyajan oppineet siirtämään yhä taaemmas menneisyyteen aika-arviota siitä, milloin Uusi testamentti kirjoitettiin.

Evankeliumien historiallinen, topografinen ja arkeologinen tarkkuus ovat saaneet aikaan sen, että nykyään valtaosa asiantuntijoista on sitä mieltä, että suurin osa Uuden testamentin kirjoista kirjoitettiin vuosien 45-70 jKr. välillä. Tätä voitaisiin verrata siihen, että noin 60-vuotias mies kirjoittaisi tällä hetkellä elämänsä tärkeimmistä tapahtumista, jotka sattuivat hänen ollessaan 30-vuotias - eihän kukaan kyseenalaistaisi sitä, etteikö hän kykenisi kirjoittamaan tarkasti niistä tapahtumista, jotka hän itse näki ja koki. Evankeliumitkin siis antavat varhaisimman, parhaan ja tarkimman todistuksen Jeesuksesta. Mikään arkeologinen todiste ei voi kumota tätä.

Erilliset todisteet

Koska alkuseurakunta kokoontui kodeissa eikä hyväksynyt patsaita, on epätodennäköistä, että arkeologit voisivat löytää varhaisia muistomerkkejä, joissa Kristus mainitaan. He ovat kuitenkin löytäneet:

- ◆ Galileasta kirjoituksen vuodelta 49 jKr., jossa uhataan kuolemanrangaistuksella, jos joku ottaa ruumiin pois haudasta

- ◆ Jerusalemista joitakin hautoja vuodelta 50 jKr., joihin on kaiverrettu teksti "Jeesus auta" tai "Jeesus anna hänen nousta ylös"

- ◆ hautoja, joissa on kristillisiä merkkejä ja kirjoituksia, jotka voidaan jäljittää vuoteen 79 jKr. (Pompejissa) ja 95 jKr. (Roomassa).

On myös epätodennäköistä, että ei-kristillisiin lähteisiin olisi merkitty talteen Jeesuksen ihmeitä tai hänen ylösnousemuksena, mutta on olemassa roomalaisia ja

Kadotettujen tavoittaminen

juutalaisia kirjoituksia vuosilta 50–150 jKr., joissa Jeesus ja hänen seuraajansa mainitaan. Niissä kerrotaan, että:

- Jeesus asui Juudeassa
- Jeesus noudatti ja opetti korkeita moraalinormeja
- ihmiset kertoivat Jeesuksen ja hänen seuraajiensa tekevän ihmeitä
- Jeesuksen seuraajat pitivät häntä Messiaana tai jumalallisena hahmona
- Jeesus surmattiin Pilatuksen aikana
- Jeesus ristiinnaulittiin
- vuonna 64 jKr. Nero syytti Jeesuksen seuraajia aiheetta suuresta tulipalosta Roomassa ja heitä alettiin tämän johdosta vainota.

Esimerkiksi roomalainen historioitsija Tacitus (joka kuoli vuonna 120 jKr.) kirjoitti, että keisari Nero "määräsi julmimmat mahdolliset kidutukset joukolle ihmisiä, joita vihattiin heidän iljetystensä vuoksi ja jotka yleisesti tunnettiin nimellä 'kristityt'. Nämä olivat saaneet nimensä Kristukselta, joka teloitettiin prokuraattori Pontius Pilatuksen määräyksestä Tiberiuksen valtakaudella. Tämä tyrehdytti turmiollisen taikauskon lyhyeksi aikaa, mutta se puhkesi uudelleen – ei ainoastaan Juudeassa, missä rutto ensimmäisenä sai alkunsa, vaan myös itse Roomassa".

Merkittävää on, että myös tärkein ensimmäisen vuosisadan juutalainen historioitsija, Josephus, mainitsee Jeesuksen kirjassaan *Juutalaisten muinaisajat*: "Suurin pirtein näihin aikoihin eli Jeesus, viisas mies, *jos häntä nyt mieheksi edes voitaisiin kutsua*. Hän nimittäin teki hämmästyttäviä tekoja ja *oli opettaja niille, jotka ottavat ilolla totuuden vastaan*. Hän voitti puolelleen *monia juutalaisia ja monia kreikkalaisia. Hän oli Messias.* Kun joukossamme olevat johtomiehet syyttivät häntä ja Pilatus tuomitsi hänet ristiinnaulittavaksi, ne, jotka alusta asti olivat rakastaneet häntä, eivät lakanneet tekemästä

Evankelioinnin sanoma

niin, *sillä hän ilmestyi heille kolmantena päivänä henkiin herätettynä, kuten Jumalan profeetat olivat ennustaneet samoin kuin he olivat ennustaneet lukemattomia muitakin ihmeellisiä asioita hänestä,* ja kristittyjen heimo, joka oli nimitetty näin hänen mukaansa, ei ole hävinnyt tähänkään päivään mennessä".

Vaikka onkin totta, että monet oppineet uskovat kristittyjen muokanneen tai muuttaneen Josephuksen tekstiä *(nämä kohdat on merkitty kursiivilla yllä olevaan lainaukseen Josephuksen kirjasta),* he ovat kuitenkin – sellaisten seikkojen vuoksi kuin tyyli, asiayhteys ja jäljelle jääneet ei-kristilliset elementit – vakuuttuneita siitä, että tekstin pohjalla on Josephuksen itsensä kirjoittama teksti. Ja juuri tämä on todiste, joka tukee evankeliumien oikeellisuutta.

Ylösnousemus
Kun Paavali julisti ylösnousemusta Apostolien tekojen kohdassa 17:22–32, häntä kuuntelemassa olleet ateenalaiset ivasivat häntä. Samaa tapahtuu yhä edelleen.

Ylösnousemus oli ihme, jota ei voida selittää "tieteellisesti". Tämän vuoksi jotkut ihmiset eivät halua uhrata ajatustakaan siitä kertoville selonteoille. He ovat jo etukäteen päättäneet, että olipa asiasta millaiset todisteet tahansa, kukaan ei voi nousta kuolleista. Monet muut ihmiset suhtautuvat asiaan kuitenkin paljon avoimemmalla mielellä, ja ylösnousemuksesta on olemassa paljonkin todisteita, jotka voimme esittää tällaisille ihmisille heidän vakuuttamisekseen siitä, että se on totta.

Uudessa testamentissa on viisi selontekoa ylösnousemuksesta, kohdissa: Matt. 28:1–8; Mark. 16:1–8; Luuk. 24:1–10; Joh. 20:1–8 ja 1. Kor. 15. Jotkut ihmiset väittävät, että nämä selonteot ovat toistensa kanssa ristiriidassa, mutta näiden selontekojen välisten eroavaisuuksien (ja muiden, eri evankeliumien välisten eroavaisuuksien) taustalla on kaksi perusperiaatetta.

Kadotettujen tavoittaminen

1. Epätäydellisyys

Yksikään evankeliumi ei pyri kertomaan koko tarinaa, kuvaamaan kaikkia yksityiskohtia, esittelemään kaikkia henkilöitä ja niin edelleen. Tapahtumia tarkastellaan niissä ainoastaan yhdestä näkökulmasta, joten lopputuloksena on, että samasta tapahtumasta on eri näkökulmasta kerrottuja selontekoja. Evankeliumien tarkastelua voitaisiinkin verrata vuoren katseluun neljästä eri ilmansuunnasta käsin: näkymät vaihtelevat mutta vuori on kuitenkin aina yksi ja sama.

Johannes esimerkiksi mainitsee Magdalan Marian, Salomen ja Klopaksen vaimon Marian ristin yhteydessä mutta vain Magdalan Marian haudan yhteydessä. Monikkomuoto jakeessa 20:2 kuitenkin osoittaa, ettei Maria ollut haudalla yksin – Johannes ei vain maininnut muita nimeltä.

Sama voidaan havaita myös Luukkaan evankeliumissa. Jakeen 24:12 perusteella vaikuttaa siltä, että vain Pietari meni haudalle, mutta jae 24:24 osoittaa, että sinne meni myös muita. Jos jossakin evankeliumissa mainitaan vain yksi nimi, se ei ole merkki siitä, etteikö kirjoittaja olisi tiennyt, että paikalla oli myös muita. Siinä vain silloin yksinkertaisesti keskitytään tuohon tiettyyn henkilöön.

2. Tiivistäminen

Luukkaan evankeliumin perusteella herää vaikutelma, että Jeesuksen ilmestymiset ylösnousemuksen jälkeen ja hänen taivaaseen astumisensa kaikki tapahtuivat saman päivän aikana. Apostolien teoissa (joka myös on Luukkaan kirjoittama kirja) tehdään kuitenkin selväksi, että kyseiset tapahtumat toteutuivat 40 päivän aikana. Luukas on siis evankeliumissaan yksinkertaisesti tiivistänyt tapahtumien kulun tuodakseen näin ilmi tietyn näkökulman. Matteuksen evankeliumissa käytetään tätä samaa kirjallista keinoa, kun kerrotaan enkelin laskeutumisesta ja tämän keskustelusta naisten kanssa.

Kun ymmärrämme nämä kaksi periaatetta, voimme havaita, että viisi selontekoa ylösnousemuksesta sopivat täydellisesti siihen tapaan, jolla historioitsijat ennakoivatkin

Evankelioinnin sanoma

silminnäkijöiden kertovan jostakin tapahtumasta. Lisäksi ne sisältävät useita ristiin liittyviä yksityiskohtia, jotka tukevat kyseisiä selonteloja ja joita olisi vaikea keksiä tyhjästä.

Selonteoissa ilmoitetaan kaksi väitettä:

◆ Jeesuksen fyysinen ruumis katosi haudasta.

◆ Ylösnoussut Jeesus ilmestyi seuraajilleen.

Ylösnousemusta ivaavien ihmisten täytyy antaa vaihtoehtoinen selitys näille kahdelle ilmiölle. Tällaisia vaihtoehtoisia selityksiä onkin aikojen saatossa annettu lukuisia – ja useimmat niistä ovat todellisuudessa vähemmän uskottavia kuin kristillinen selitys yliluonnollisesta ihmeestä.

Yksi näistä selityksistä on niin kutsuttu *pyörtymisteoria*. Sen mukaan Jeesus ei todellisuudessa kuollut ristillä vaan ainoastaan pyörtyi uupumuksen ja verenhukan vaikutuksesta. Ihmiset saattoivat luulla hänen kuolleen, mutta hän virkosi myöhemmin, mitä opetuslapset sitten pitivät ylösnousemuksena. Oppineet ovat sittemmin hylänneet tämän teorian lähes kaikkialla maailmassa. Ensinnäkin lääketieteellisesti olisi lähestulkoon mahdotonta, että Jeesus olisi voinut selviytyä ankarasta kidutuksestaan ja ristiinnaulitsemisestaan, saatikka sitten säilyä hengissä haudan olosuhteissa, jos hänet todella olisi laitettu sinne elävänä. Täytyy pitää mielessä, että ennen kuin naulat iskettiin Jeesuksen käsien ja jalkojen läpi, hän oli jo valmiiksi huonossa tai jopa kriittisessä kunnossa ruoskimisensa jäljiltä. Toisekseen pyörtymisteoria on uskonnollisesti puutteellinen: vaikka Jeesus ei olisikaan ollut kuollut, kun hänet suljettiin hautaan, hän ei olisi millään pystynyt ilmestymään ylösnousseena, mahtavana Herrana ja kuoleman voittajana vain muutaman päivän sisällä ristin tapahtumista!

Toiset ihmiset sanovat, että selonteot ovat *legendaa*. Ne eivät kuitenkaan muistuta ensimmäisen vuosisadan myyttejä, vaan niissä on kaikki sellaiset piirteet, jotka ovat ominaisia todellisista tapahtumista kertoville erillisille selonteoille.

Kadotettujen tavoittaminen

Lisäksi ne kirjoitettiin vain muutamien vuosikymmenten sisään kyseisistä tapahtumista.

Tähän liittyen on erityisen huomionarvoista nostaa mieleen se tosiseikka, että juuri naiset löysivät Jeesuksen tyhjän haudan. Tuon ajan patriarkaalisessa juutalaisessa yhteiskunnassa naiset kuuluivat sosiaalisten tikapuiden alapäähän. Tämä tulee selväksi sellaisten rabbiinisten sanontojen perusteella kuin "on parempi antaa Lain sanojen palaa kuin tulla annetuiksi naisille" ja "onnellinen on mies, jonka lapset ovat poikia, mutta tuska sille miehelle, jonka lapset ovat tyttöjä". Naisten todistusta pidettiin niin arvottomana, etteivät he saaneet edes toimia laillisina todistajina tuomioistuimissa. Olikin siis varmasti hyvin erikoista, että juuri naisten kerrottiin löytäneen Jeesuksen tyhjän haudan! Myöhäisemmässä legendassa haudan löytäjiksi olisi lähes varmasti muutettu miespuoliset opetuslapset. Se tosiseikka, että juuri naiset, eivät miehet, olivat tyhjän haudan päätodistajia, on uskottavin todiste siitä, että – pidettiinpä siitä tai ei – juuri naiset todella löysivät tyhjän haudan. Tämä puhuu evankeliumien kertomuksen historiallisuuden ja oikeellisuuden puolesta pikemminkin kuin sen puolesta, että kyseessä olisi pelkkä legenda.

Jotkut ovat sitä mieltä, että ylösnousemus oli yksinkertaisesti *virhe* ja että opetuslapset menivät väärälle haudalle. Naiset kuitenkin näkivät, kun Jeesus laitettiin hautaan, Joosef tunsi oman sukuhautansa, sotilaat eivät olisi vartioineet väärää hautaa ja viranomaiset olisivat tällaisessa tapauksessa kyllä nopeasti tuoneet nähtäville oikean ruumiin.

Muutamat muut väittävät, että ruumis varmasti *varastettiin*. Tavalliset varkaat eivät kuitenkaan olisi jättäneet vaatteita ja yrttejä hautaan, eivätkä he myöskään olisi päässeet vartioiden ohi. Viranomaisilla taas ei olisi ollut mitään syytä varastaa ruumista – paitsi jotta he olisivat voineet *todistaa vääriksi* tarinat ylösnousemuksesta.

Useimmat vastustajat pitävät kiinni siitä, että kyseessä oli *salaliitto:* Jeesus järjesti joko niin, että joku muu teloitettiin hänen sijastaan tai että sotilas otti hänet ristiltä ennen kuin hän

Evankelioinnin sanoma

kuoli, tai opetuslapset varastivat ruumiin. Ristiinnaulitseminen oli kuitenkin liian julkinen tapahtuma, jotta siinä olisi voitu käyttää sijaista, ja sotilaat olivat liian kokeneita, jotta heitä olisi voitu huijata.

Näiden eri salaliittoteorioiden ongelma on, että niiden mukaan kristinuskon täytyy perustua suureen valheeseen. Jos tämä olisi totta, olisivatko opetuslapset olleet valmiita kuolemaan sen tähden, että uskoivat ylösnousemukseen? Yksikään näistä teorioista ei anna vastausta siihen, kuinka pelokkaiden kalastajien joukko, joka oli juuri menettänyt johtajansa, olisi voinut perustaa uuden uskonnon ja tuottaa niin vakuuttavia selontekoja todellisista tapahtumista!

Lopuksi on vielä olemassa muutama skeptikko, jotka laittavat kaiken *joukkohallusinaation* piikkiin. Opetuslapset eivät kuitenkaan odottaneet, että mitään tapahtuisi, sillä he uskoivat kaiken olevan ohi. Ja ottaen huomioon opetuslasten juutalaisen ajattelutavan, olisi hyvin epätodennäköistä, että he olisivat hallusinoineet Jeesuksen tulevan eläväksi kuolleista. Jos he jotakin olisivat hallusinoineet, niin kuvia Jeesuksesta kirkastettuna Abrahamin helmassa, mikä oli Israelin vanhurskaiden kuolleiden asuinpaikka ennen viimeisten päivien ylösnousemusta. Ja sitä paitsi, myös ylösnousemuksen jälkeen tapahtuneiden ilmestymisten suuri lukumäärä ja vaihtelevuus puhuvat hallusinaatioteoriaa vastaan: Jeesusta ei nähty ainoastaan kerran vaan useita kertoja. Eikä ainoastaan yksi ihminen nähnyt häntä vaan useat eri ihmiset ja jopa ihmisryhmät näkivät hänet. Eikä häntä nähty ainoastaan yhdessä paikassa ja tietyissä olosuhteissa vaan useissa eri paikoissa. Eivätkä häntä nähneet ainoastaan uskovat vaan myös skeptikot.

Ihmiset eivät myöskään veisi hautausmenoihin liittyviä yrttejä haudalle, jos he odottaisivat, että ruumis on ylösnoussut, eikä ole tavallista olettaa, että viranomaisten on täytynyt siirtää ruumis. Lisäksi on mahdotonta, että jokin hallusinaatio kykenisi syömään grillattua kalaa tai että sitä voisi koskettaa tai tökkiä.

Kadotettujen tavoittaminen

Lähes kaikkien näiden vaihtoehtoisten selitysten ongelma on, että ne eivät anna selitystä ylösnousemuksen jälkeen tapahtuneille ilmestymisille. Hallusinaatioteorian ongelma taas on, että se ei anna selitystä kadonneelle ruumiille – eikä ylösnousemus ole voinut olla *sekä* salaliitto *että* hallusinaatio!

Mikään näistä vaihtoehtoisista käsityksistä ei ole järkeenkäypä. Jäljelle jää siis vain se vaihtoehto, että selonteot kuvaavat todellisia tapahtumia sellaisina kuin silminnäkijät ne näkivät. Kristus on ylösnoussut – eikä ainoastaan siinä mielessä, että "hänen ajatuksensa elävät ikuisesti", vaan myös siinä tosiasiassa, että hänen todellinen persoonansa elää ja vaikuttaa vielä tänäänkin suhteessa ihmisiin. Tätä on evankeliumi, ja se on järkeenkäypä ja looginen hyvä sanoma.

Elämää muuttava sanoma
Kirjassa *Isän tunteminen* ristiä käsitellään Isän näkökulmasta, kirjassa *Pojan tunteminen* sitä käsitellään Jeesuksen näkökulmasta ja kirjassa *Pelastus armosta* tutkitaan niitä käsityksiä ja kuvia, joita Uudessa testamentissa käytetään selittämään ristin aikaansaamia asioita.

Tässä kohtaa kuitenkin tarkastellaan ristiä meidän ihmisten näkökulmasta, jotta voitaisiin ymmärtää, kuinka Jumala muuttaa kadotettujen elämän ristin kautta.

Synnin aikaansaama tuho
Jeesus tuli maailmaan peruuttamaan Eedenissä tapahtuneen syntiinlankeemuksen seuraukset. Hän tuli korjaamaan ihmisten kapinan Luojaa vastaan, josta kerrotaan 1. Mooseksen kirjan luvussa 3, ja tuomaan täydellisen sovituksen.

Kun Aadam ja Eeva lankesivat syntiin, ihmiskunta sidottiin saatanan toimesta ja saatanaan. Ihmiset menettivät Jumalan lasten vapauden, koska he hylkäsivät Jumalan hallintavallan ja vaihtoivat sen saatanan hallintavaltaan. Tuosta hetkestä lähtien maailma siirtyi saatanan valtaan. Aadamin ja Eevan synnin seurauksena ihmiskunta tuli syylliseksi. Se asetettiin

Evankelioinnin sanoma

Jumalan vihan alle, ja tämä johti rangaistukseen, joka tässä elämässä on yhä enenevää kärsimystä ja hikeä ja tulevassa elämässä helvetti.

Ihmiset vieraantuivat toisistaan vajavuudestaan johtuvan häpeän ja nolouden tähden. Kun Aadam ja Eeva yrittivät huonolla menestyksellä peittää alastomuutensa ja piiloutua, he olivat yksinkertaisesti liian häpeissään kohdatakseen Jumalan. He ottivat häpeänsä mukaansa, kun he lähtivät Eedenistä, ja tämä vaikutti heidän suhteisiinsa toisten ihmisten kanssa. Synti saa aina lopulta aikaan tällaista häpeän tunnetta, ja ihmisten yritykset peittää tai piilotella sitä eivät auta käsittelemään tuota häpeää.

Ensimmäisen synnin palkka oli hengellinen kuolema. Aadam ja Eeva menettivät etuoikeuden elää läheisessä yhteydessä Jumalan kanssa, ikuisen elämän, ja heidät karkotettiin hänen läsnäolostaan.

Tuhon kumoaminen
Ristillä Jeesus käsitteli tämän kaiken. Hän kuoli pelastaakseen ihmiskunnan saatanan otteesta, ja hän kukisti saatanan lopullisesti täydellisellä alistumisellaan Isän tahtoon ja ehdottomalla moraalisella täydellisyydellään. Jeesus kuoli ja nousi kuolleista voittajana, joka tuhosi saatanan viimeisen aseen, kuoleman. Ja oman kuolemansa kautta hän perusti Jumalan hallintavallan, joka Jumalalle laillisestikin kuuluu, ja vapautti maailman.

Kuolemansa kautta Jeesus myös sovitti koko maailman synnin ja toi maailmalle anteeksiannon. Ristillä hän lepytti Jumalan vihan, tyydytti Jumalan pyhän luonnon vaatimukset ja vapautti ihmiskunnan synnin syyllisyydestä. Jeesus kuoli Pelastajana, joka vapaaehtoisesti otti meidän syyllisyytemme, kesti Isästä erossa olemisen aiheuttaman tuskan, otti monien virheet itsensä kannettavaksi ja voitti ikuisen lunastuksen ja sovituksen.

Kuolemallaan Jeesus myös jätti esimerkin siitä, mikä on miesten ja naisten ihanteellinen tapa elää ja kuolla. Jopa

Kadotettujen tavoittaminen

kärsiessään hän varasi aikaa sen osoittamiseen, millaista on esimerkillinen käyttäytyminen. Tämän hän teki pyytämällä Jumalaa antamaan anteeksi niille, jotka kiduttivat häntä, ja lohduttamalla rikollista lupauksella paratiisista. Kun Jeesus kuoli ihanneihmisenä, hän jätti kaiken jälkeensä ja luovutti henkensä Jumalan käsiin. Ristillä hän antoi kaikkiin aikoihin sopivan täydellisen esimerkin alistuvasta kuuliaisuudesta.

Samaan aikaan Jeesus myös kuoli tuskaisen kuoleman ristillä taistellakseen ja pinnistelläkseen uuden luomakunnan synnyttämiseksi. Kuusi helvetillistä tuntia kestävän hengellisen synnytyksen jälkeen hän oli syvästi janoinen hengellisessä mielessä, kuten peura Psalmissa 42:1-2. Kun hän kuoli synnytyksessä, hän kykeni huutamaan "Tein sen!", koska oli nähnyt jälkeläisensä, kuten palvelijasta kerrotaan Jesajan kirjan jakeessa 53:10. Jeesus siis meni ristille jumalallisena vanhempana kokemaan synnytystuskia ja synnyttämään uuden luomakunnan, jossa hänen jumalallinen luontonsa saisi jatkua.

Kun evankelioimme, meidän tulisi kertoa kaikista näistä aikaansaannoksista eikä keskittyä vain yhteen niistä ja jättää huomiotta jokin toinen. Meidän tulee ottaa puheeksi kaikki ihmiskunnan perusongelmat ja kertoa Jumalan täydellisestä vastauksesta Kristuksessa. Meidän täytyy vähintäänkin julistaa, että ihmiset:

- ovat maailman, lihan ja paholaisen otteessa ja kykenemättömiä murtautumaan vapaiksi, mutta että Jeesus on murtanut kahleet ja tarjoaa vapautta

- ovat syyllisiä Jumalan edessä syntiensä tähden ja kykenemättömiä pakenemaan tältä taakalta, mutta että Jeesus vapaaehtoisesti koki Jumalan vihan meidän puolestamme ja tarjoaa nyt anteeksiantoa

- ovat häpeissään ja nolostuneina toistensa edessä ja kykenemättömiä ymmärtämään toisiaan hyvin jonkin sellaisen tähden, mikä on perustavanlaatuisesti pielessä, mutta että Jeesus tuo täyden ymmärryksen ja

Evankelioinnin sanoma

täydellisen myötätunnon ja tarjoaa nyt lohdutusta ja kumppanuutta

◆ ovat hengellisesti kuolleita ja kykenemättömiä itse elvyttämään itsensä henkiin, mutta että Jeesus ponnisteli jokaisen ihmisen taivaallisen syntymän eteen ja tarjoaa nyt ikuista elämää vapaasti jokaiselle

◆ ovat kapinassa Jumalaa vastaan ja tarvitsevat tuomista kuuliaisuuteen, joten Jumala antoi Jeesuksen kuninkaaksi, jonka valtaan kaikkien miesten ja naisten täytyy alistua

◆ ovat syntisiä ja tarvitsevat jonkun, joka käsittelisi heidän syntinsä, joten Jumala antoi Jeesuksen uhriksi, joka poistaa synnin

◆ kokevat epäyhtenäisyyttä ja hajaannusta ja tarvitsevat sitä, että heistä tulisi kokonaisia, yhtenäisiä ja kykeneviä ymmärtämään helposti toisiaan, joten Jumala antoi Jeesuksen täydelliseksi esimerkiksi kokonaisuudesta, sosiaalisesta yhtenäisyydestä ja ihmisten välisistä suhteista

◆ ovat hengellisesti kuolleita ja tarvitsevat sitä, että voisivat vastaanottaa elämän, totuuden ja rakkauden Jumalalta, joten hän antoi Jeesuksen näiden ominaisuuksien lähteeksi.

On olemassa vain yksi evankeliumin sanoma, mutta siinä on monia eri puolia. Meidän tulee tutustua niihin sanomaa täydentäviin puoliin, joita saatamme taustamme tai kokemustemme vuoksi jättää huomiotta. Ehkäpä meidän täytyy myös muuttaa julistustamme, jotta todella ottaisimme huomioon koko sanoman, ja meidän täytyy myös varmistua siitä, että uudet uskovat todella ymmärtävät evankeliumin suuruuden – ja kokevat sen kaikki puolet –, jotta he voisivat kasvaa vahvoiksi, tasapainoisiksi ja kokonaisiksi ihmisiksi.

Kadotettujen tavoittaminen

Ajankohtainen ja järkeenkäypä sanoma

Kun alamme puhua ihmisille Jeesuksesta ja esitellä heille Jumalan armon ihmeellisyyttä ja ristin suuria aikaansaannoksia, saamme usein huomata, että he alkavat nostaa esiin asioita, joita he pitävät ylitsepääsemättöminä vastaväitteinä kristillistä uskoa vastaan.

On olemassa koko joukko kysymyksiä, joita nykyihmiset toistuvasti kyselevät, ja meidän täytyy olla kykeneviä vastaamaan heille osuvalla ja järkeenkäyvällä tavalla. Tässä ei ole mahdollista käsitellä kaikkia niitä kysymyksiä, joita tavallisesti kysellään, mutta voimme pohdiskella joitakin niistä yleisistä aiheista, jotka tuntuvat olevan erityisen ajankohtaisia tällä hetkellä.

Kärsimys

Monet ei-uskovat eivät pidä järkeenkäypänä uskoa, että rakastava Jumala voisi luoda maailman, joka on niin täynnä kärsimystä kuin omamme on. Heidän mielestään kärsimykset todistavat, että Jumalan täytyy olla kykenemätön, sadistinen tai sydämetön.

Me kuitenkin uskomme, että Jumala rakastaa kaikkia ja että hän halusi luoda olentoja, joiden kanssa voisi olla keskinäisessä rakkaussuhteessa. Ilman valinnanvapautta rakkaus olisi kuitenkin merkityksetöntä. Vastavuoroisessa rakkaussuhteessa voidaan olla vain sellaisen henkilön kanssa, jolla on vapaa tahto – ei automaatin kanssa, joka tottelee jokaista päähänpistoamme.

Jos meillä kerran on vapaa tahto, meille on myös annettu mahdollisuus hylätä Jumala, mennä omia teitämme ja saada aikaan pahaa. Kärsimysten mahdollisuus on siis synnynnäisesti osa vapauden olemassaoloa.

Kun ensimmäiset ihmiset hylkäsivät Jumalan, he eivät valinneet Jumalan luomaa pahuus-nimistä kokonaisuutta. Tehdessään valintansa he sen sijaan loivat oman pahuutensa. Kun rakennamme laatikkoa, meidän ei tarvitse löytää pimeyttä täyttämään sitä: meidän täytyy vain sulkea valo sen

Evankelioinnin sanoma

ulkopuolelle. Siispä aina kun ihmiset sulkevat pois Jumalan valon ja rakkauden, se "synnyttää" automaattisesti pahuuteen kuuluvan pimeyden ja tuskan.

Tästä huolimatta ihmiset kyselevät: "Miksi Jumala ei tee mitään? Miksi hän ei pysäytä sotia, lopeta nälänhätää, estä onnettomuuksia, hävitä sairauksia ja niin edelleen?" He eivät ymmärrä, että jos Jumala laittaisi lopun kaikille vaikeuksille ja kaikelle pahuudelle maailmassa, hänen olisi samalla välttämätöntä hävittää myös kaikki vapaat ihmiset – sillä me olemme täynnä itsekkyyttä, josta lähes kaikki kärsimys kumpuaa.

Mutta ei ole totta, etteikö Jumala olisi tehnyt mitään. Hän ei poistanut ihmisten vapautta, vaan sen sijaan hän lähetti Jeesuksen käsittelemään ihmisten synnin, osoittamaan ihmisille, kuinka elää, ja tarjoamaan ihmiskunnalle sekä mahdollisuuden valita hyvä ja hylätä paha että hengellisen vahvuuden voittaa itsekeskeisyys.

Jotkut ihmiset yrittävät väittää, että jos kerran Jumala on viisas ja voimallinen, hänen olisi pitänyt osata luoda sellaisia vapaita olentoja, jotka kykenisivät varmasti vastustamaan kiusauksia ja tekemään aina vain hyvää. Tämä on kuitenkin hölynpölyä. Kärsimys on väistämätön hinta vapaudesta, ja se että ihmiset ovat väärinkäyttäneet vapaata tahtoa, on se syy, mikä on saanut pahuuden aikaan ja mikä yhä edelleen saa aikaan suurimman osan maailman kärsimyksistä.

Jos Jumala puuttuisi jokaiseen tilanteeseen, jossa vapaata tahtoa väärinkäytetään, hänen täytyisi luoda maailma, jossa väärät teot ja ajatukset olisivat mahdottomia – maailma, jossa ei ole vapautta. Vaikka Jumala toisinaan pidättääkin vapaan tahtomme täysiä seurauksia tulemasta ilmi esimerkiksi tehdäkseen jonkin epätavallisen ihmeen, hän yleensä kunnioittaa ihmiskunnan vapautta – sillä siihen sisältyy mahdollisuus valita rakkaus, mitä hän arvostaa enemmän kuin mitään muuta.

Jotkut ihmiset pohdiskelevat, ovatko kokemamme kärsimykset liian suuri hinta siitä rakkaudesta, jota Jumala

Kadotettujen tavoittaminen

hakee, mutta me emme pysty tätä arvioimaan. Me emme pysty vertaamaan tunnin kestävää rakkautta tunnin kestävään kärsimykseen. Ja mitä tulee Raamattuun, sen mukaan tämän hetken kärsimyksiä ei voi edes verrata tulevaan kirkkauteen.

Tämä tapa selittää kärsimykset ei välttämättä tyydytä kaikkia, mutta tämän ei tulisi estää meitä julistamasta hänen väitteitään, joka itse kärsi ristillä ja kantoi pahuuden aiheuttaman täyden tuskan, jotta meidät voitaisiin sovittaa Jumalan kanssa siinä rakastavassa suhteessa, joka on aina ollut hänen tarkoituksensa.

Luoja Jumala
Aina löytyy joku, joka luulee olevansa ensimmäinen henkilö, joka kysyy "Kuka loi Jumalan?" ja joka pohdiskelee, mitä Jumala teki ennen kuin maailmaa oli olemassa.

Einsteinin ajoista lähtien on ollut tiedossa, että aika voi taipua, hidastua tai nopeutua, kun jokin kulkee hyvin nopeaa vauhtia. Tätä on vaikea ymmärtää, mutta se tekee helpommaksi hyväksyä raamatullisen opin, jonka mukaan Jumala on ajan yläpuolella. Jos kerran Jumala on ajan ulkopuolella, on turhaa kysyä, milloin hän alkoi olla, kuinka hänet tehtiin ja mikä piti hänet aiemmin kiireisenä. Tämänkaltaisiin kysymyksiin liittyy se väärä olettamus, että Jumala on olemassa ajan sisäpuolella, ja ne ovat kuin jos joku kysyisi, milloin George Washington tapasi George Bushin.

Monet ihmiset eivät käytä aikaa tällaisten kysymysten pohdiskeluun, sillä he ovat varmoja siitä, että "kaikki tietävät", että se mitä he kutsuvat "tieteeksi", on osoittanut, ettei Jumala ole totta. Heille uskominen Luojaan on sama kuin jos uskoisi litteään maahan tai juustokuuhun. Vaikka tämä onkin yleinen näkökanta, se on hämmästyttävän valistumaton.

Maailmankaikkeuden synnystä on olemassa kolme loogista teoriaa:

◆ Massa ja energia ovat aina jo olleet olemassa, ne ovat perimmäinen todellisuus. Elämä ja ajassa ja tilassa oleva

Evankelioinnin sanoma

maailmankaikkeus ovat niiden täysin sattumanvaraisen toiminnan tulosta.

◆ Massa ja energia tulivat spontaanisti olemassa oleviksi tyhjästä, ja tähän liittyy jo itsessään ajatus siitä, ettei tälle ole syytä tai selitystä.

◆ Täysin toisenlainen, täysin kaiken yläpuolella oleva, täysin ei-aineellinen hengellinen olento loi tilan, ajan, massan, energian ja elämän.

Järkiperusteiden pohjalta vaihtoehto (b) ei ole uskottava, joten jäljelle jää kaksi loogisesti samantasoista vaihtoehtoa. Vaihtoehtoon (a) liittyy kuitenkin vakava ongelma, sillä tämänhetkinen tieteellinen tieto termodynamiikasta on vahvasti sitä mieltä, että *tietyssä ajassa* jonkin suljetun järjestelmän sisällä olevat energiatasot muuttuvat yhdenmukaisiksi ja kaikki energia ja massa vähenevät yksinkertaisimpiin muotoihinsa. Koska energiatasot eivät todistettavasti ole maailmankaikkeudessamme yhdenmukaisia, joko (a) on kestämätön tai tämänhetkinen tieteellinen tieto on pahasti pielessä.

Vaihtoehtoa (c) kritisoidaan yleensä siitä, että se pelkästään siirtää kysymystä yhden vaiheen taaksepäin, mutta tämä ei pidä paikkaansa. Aika ja termodynamiikan lait kyllä vaikuttavat aineelliseen maailmaan mutta eivät hengelliseen Jumalaan.

Jos massa todella olisi *ainoa* olemassa oleva asia, kriitikoiden täytyisi selittää joko miksi se ei ole loppunut tai kuinka ei-mistään tuli jotakin. Jos kuitenkin on olemassa ajan ja massan yläpuolella oleva hengellinen Jumala, on turhaa kysyä, kuinka hän syntyi, ja tarpeetonta kysyä, miksi hän ei ole loppunut.

Tällaisen Jumalan olemassaolon ovat myös vahvistaneet todeksi useiden johtavien tiedemiesten tekemät löydöt. Nämä tiedemiehet ovat todenneet, että maailmankaikkeudessamme on merkkejä älykkäästä suunnittelusta ja ettei se ole pelkästään ohjaamattoman luonnollisen prosessin tuotosta.

Kadotettujen tavoittaminen

Muut uskonnot

Monet ihmiset ovat tiukasti sitä mieltä, että kaikki uskonnot johtavat Jumalan luo ja että kristityt ovat sietämättömän ylimielisiä väittäessään toisin. Kaikki tiet eivät kuitenkaan johda Skotlantiin, kaikki junat eivät mene Lontooseen eivätkä kaikki lentokoneet lennä Afrikkaan.

Jos Skotlanti, Lontoo ja Afrikka kaikki nimeäisivät itsensä "Skotlonkaksi", voisi olla oikein sanoa, että kaikki matkat vievät johonkin skotlonkaan, mutta ihmiset, jotka halusivat päästä Afrikan *Skotlonkaan*, olisivat hyvin pettyneitä, jos löytäisivät itsensä junasta matkalla Birminghamiin!

Sama pätee maailman eri uskontoihin. Vaikka niissä kaikissa viitatankin johonkin jumalaan, se ei tarkoita sitä, että niissä puhuttaisiin samasta olennosta tai että niissä kaikissa oltaisiin matkalla samaan päämäärään. Hindulaisuudessa esimerkiksi uskotaan, että Jumala on sekä hyvissä että pahoissa asioissa, ja suurimmassa osassa buddhalaisia suuntauksia ei uskota kaikkivoipaan olentoon lainkaan. Koska sanalla "Jumala" viitataan lähes kaikissa uskonnoissa täysin eri asioihin, on absurdia väittää, että kaikki uskonnot johtaisivat saman persoonan luo. Yksinkertainen logiikkakin jo kertoo, etteivät kaksi vastakkaista käsitystä voi molemmat olla totta samaan aikaan.

Meidän tulisi varoa valmistelemasta kysymyksiämme etukäteen, mutta saattaa olla hyödyllistä pyytää ihmisiä kuvailemaan sitä Jumalaa, johon he eivät usko ja jonka luokse he ajattelevat kaikkien uskontojen johtavan.

Tällöin pystymme yleensä osoittamaan, että mekään emme usko heidän kuvailemaansa "Jumalaan" emmekä ole matkalla hänen luokseen. Tämän jälkeen voimme jatkaa kertomalla *Jahvesta*, Raamatun elävästä Jumalasta, joka on täydellisesti ilmoittanut itsensä Jeesuksessa.

Raamattu

Maailmassa on vallalla yleinen käsitys, jonka mukaan Raamattu on melko lailla yhtä tähdellinen kuin Grimmin sadut.

Evankelioinnin sanoma

Useimmat ihmiset tuntuvat ajattelevan, että tiede, arkeologia ja historia ovat todistaneet Raamatun vääräksi, että se on vain kokoelma vanhoja myyttejä ja propagandaa ja että sen kaksi testamenttia antavat vastakkaiset kuvat Jumalasta.

Ongelma on, että ihmisten käsitykset Raamatusta perustuvat yleensä siihen, mitä he uskovat Raamatun sanovan, pikemmin kuin siihen, mitä se todellisuudessa sanoo. Vaikka ihmiset viittaisivatkin joihinkin pinnallisiin seikkoihin, kuten Aadamin napaan tai Bileamin aasiin, todellinen ongelma on aina "innoitus".

Meidän tuleekin siis olla täysin selvillä siitä, mitä Raamatussa opetetaan sen innoituksesta. Esimerkiksi:

◆ Se ei ole kirja täynnä "taikasanoja".

Kun sanotaan, että Jumala innoitti koko Raamatun, se ei tarkoita, että kaikki Raamatussa olisi innoitettua. Jumala esimerkiksi innoitti kirjoittamaan muistiin Jobin lohduttajien sanat, mutta se, mitä he sanovat, ei ole Jumalan innoittamaa. Kun siis Raamattuun on kirjattu heidän sanoneen, ettei Jumalaa ole, Jumala on innoittanut laittamaan tämän muistiin – hän ei ole innoittanut näitä sanoja.

◆ Se ei ole ehdottomia sääntöjä sisältävä oppikirja.

Raamatussa kerrotaan, kuinka elävä Jumala toimi eri tavoilla suhteessa eläviin ihmisiin riippuen heidän historiallisista ja moraalisista olosuhteistaan. Esimerkiksi Mooseksen laissa avioero sallittiin, mutta Jeesus sanoi, että tämä oli lisätty lakiin vain, koska ihmisillä oli kova sydän.

On tietenkin olemassa joitakin ehdottomia sääntöjä, joita toistetaan läpi koko Raamatun (himoitseminen on aina väärin), mutta kaikki ei ole näin ehdotonta.

◆ Asiayhteydestään irrotetut lauseet voidaan ymmärtää väärin.

Kun Jumala esimerkiksi käski Abrahamin uhrata Iisakin, hän ei tarkoittanut, että se todella tapahtuisi. Se oli aito sana Jumalalta, mutta sen pohjalta ei voida kehittää oppia

Kadotettujen tavoittaminen

ihmisuhreista. Tarinan todellinen opetus on Abrahamin uskon koetteleminen ja sen vahvistuminen.

◆ Se ei ole länsimaalainen historian ja tieteen oppikirja.

Raamattu on Lähi-Idässä syntynyt kirja, joka pyrkii opettamaan historian tärkeydestä ja esittelemään kaikkien tieteellisten "lakien" taustalla vaikuttavan Henkilön. Se pitää tärkeämpänä tyyliä, ymmärtämistä, periaatteita ja merkitystä kuin tarkkojen kronologisten selvitysten ja tieteellisten syy-yhteyksien täsmällisiä yksityiskohtia. Meidän täytyykin varoa, ettemme keskity niin kovasti johonkin runolliseen yksityiskohtaan, että meiltä jää huomaamatta se syvällinen totuus, joka kyseiseen kohtaan kätkeytyy.

◆ Mikään Raamatun osa ei sisällä täyttä ilmoitusta Jumalasta.

Raamatussa rakennetaan asteittain kasvavaa kuvaa Jumalasta. Tuota kuvaa paljastetaan yhä enenevästi, ja tuo paljastaminen johtaa Jeesukseen. Vanhassa testamentissa kerrotaan toistuvasti "ennalta" Jumalan Pojasta, Messiaasta, ja Raamatun kahta testamenttia voidaan ymmärtää oikein vain, jos niitä tarkastellaan toistensa valossa. Uudessa testamentissa syvennetään ja laajennetaan sitä, mille on luotu pohja Vanhassa testamentissa – se ei korvaa Vanhan testamentin ilmoitusta mutta ei myöskään toista sitä.

Monet ihmiset sanovat, että Vanha testamentti esittelee vihaisen Jumalan ja Uusi testamentti kertoo rakastavasta Jumalasta. Jeesus kuitenkin tiivistää Vanhan testamentin lain käskyyn rakastaa Jumalaa ja rakastaa toisia. Hän osoittaa, että Jumala jatkuvasti – profeettojen välityksellä – peräänkuulutti rakkautta ja armoa pikemmin kuin uhraamista ja seremonioita. Lisäksi Jeesus itse varoitti ihmisiä "helvetin tulesta".

Raamatun Jumala on elävä persoona, joka kohtelee ihmisiä yksilöinä heidän erilaisten ja todellisten elämäntilanteidensa mukaan. Painotukset vaihtelevat joskus tämän seurauksena, mutta 1. Mooseksen kirjasta Ilmestyskirjaan asti voidaan havaita, että Jumala on muuttumaton armon ja rakkauden täyteisessä asenteessaan ihmiskuntaa kohtaan.

Evankelioinnin sanoma

Kun Raamattua luetaan tavalla, jolla sitä on tarkoitettu luettavan, ja jokaista raamatunkohtaa ymmärretään sen kirjallisen muodon mukaan, jokaisella sivulla voidaan nähdä sama Jumala. Tällöin myöskään nykyaikainen länsimainen tapa tulkita kirjallisuutta ei pääse hämmentämään meitä.

Järkeviä vastauksia

Kertomukset Abrahamista, Jobista ja Habakukista osoittavat, että Jumala pitää ihmisistä, jotka ovat valmiita olemaan aitoja hänen kanssaan ja selvittämään häneltä niitä kysymyksiä, jotka ovat heille tärkeitä. Jumala vastaa aina niille, jotka aidosti etsivät totuutta.

Jumalan sanansaattajina me olemme tärkeä osa tätä prosessia. Meidän täytyy tarttua oman aikamme aiheisiin, jotta voimme välittää Jumalan vastauksia ihmisten kysymyksiin ihmeistä, kirkon hajaannuksesta, kristittyjen tekopyhyydestä, synnistä, kärsimyksistä, elämän tarkoituksesta ja niin edelleen.

Tässä mielessä jokaisen kristityn tulisi olla *apologeetta*. *Apologialla* tarkoitetaan kristinuskon puolustamista niin tieteellisesti kuin käytännössäkin. Ensimmäisen Pietarin kirjeen jakeessa 3:15 apostoli Pietari sanoo, että kaikkien kristittyjen tulisi aina olla valmiit "puolustamaan" kristillistä toivoa, kun kuka tahansa heiltä siitä kysyy. Kreikan kielen sana "puolustamiselle" on *apologia*. Se ei tarkoita virheen, epäonnistumisen tai katumuksen myöntämistä (vrt. englannin kielen sana *apology*, anteeksipyyntö, suom. huom.), vaan pikemminkin "järkiperäistä puolustamista".

Usein juuri evankelioinnin yhteydessä etsijät nostavat esiin kysymyksiä evankeliumin sanoman todenperäisyydestä. Älyllisten vastalauseiden kumoaminen ei tee kenestäkään kristittyä – tarvitaan myös Hengen aikaansaama sydämen muutos. Apologia on kuitenkin tärkeässä roolissa älyllisten kompastuskivien poistamisessa, ja tämän vuoksi Uudessa testamentissa ei tehdä eroa apologian ja evankelioinnin välillä. Kaikkien evankelistojen tulisi olla apologeettoja siinä

Kadotettujen tavoittaminen

merkityksessä, että heidän tulisi kyetä "puolustamaan" sitä toivoa, joka heissä on.

Vastauksiemme täytyy tietenkin aina olla järkeviä ja järkeenkäypiä. Tiedämme, että kristillinen uskomme on luottamussuhde eikä vain joukko loogisia uskomuksia, mutta meidän on myös syytä olla selvillä siitä, että Jeesus ja apostolit eivät torjuneet tietoa, logiikka ja järkeä. Esimerkiksi:

◆ He väittelivät loogisesti opeista ja ajattelivat, että heidän opetuksissaan on järkeä – Matt. 5:46, 6:30, 7:11, 7:16; Room. 2:1; 1. Kor. 6:2 ja Gal. 2:14.

◆ He arvostivat sitä, jos jollekin tapahtumalle oli silminnäkijöitä – Joh. 15:27 ja 1. Kor. 15:5–8.

◆ He väittelivät ei-uskovien kanssa ja haastoivat heidän käsityksiään ja olettamuksiaan – Ap. t. 9:22, 9:29, 17:2–4, 17:17; 18:4, 18:19 ja 18:28.

◆ He kehottivat meitä valmistelemaan etukäteen vastauksia – 1. Piet. 3:15.

Pakanallisessa yhteiskunnassamme on enenevissä määrin välttämätöntä, että toimimme yllä mainitun ohjeen mukaan ja varmistumme siitä, että sanomamme on mahdollisimman terävä ja hyvin perusteltu ja että meillä on kattavat vastaukset ihmisten kysymyksiin.

Henkilökohtainen sanoma
Vaikka meidän tulisikin kyetä väittelemään ja keskustelemaan ihmisten käsityksistä ja kysymyksistä akateemisella puolueettomuudella, emme saa koskaan unohtaa, että Jumalan sanansaattajien sanomalla on voimallisia henkilökohtaisia seurauksia.

Kun apostoli Paavali evankelioi Ateenassa, hän ei ainoastaan viihdyttänyt ihmisiä ylösnousemuksen sanomalla, hän myös sai heidät närkästymään inttämällä, että Jumala käski heidän tehdä parannusta. Tämä havaitaan kohdassa Ap. t. 17:21–30.

Evankelioinnin sanoma

Jumala ei lähetä meitä sanansaattajinaan siksi, koska hän on kiinnostunut älyllisistä ajatuksista. Sen sijaan hän lähettää meidät matkaan sanomansa kanssa, koska hän haluaa tavoittaa kadotetut, pelastaa maailman, muuttaa ihmiselämiä ja korjata rikkinäisiä suhteita.

Kokemuksiin liittyvä
Aina kun Paavali puhui Jeesuksen kuolemasta ja ylösnousemuksesta, hän puhui niiden yhteydessä myös omista henkilökohtaisista kokemuksistaan. Paavalin tavoin meidänkin täytyy painottaa, että risti on keskeinen osa Raamattua, että sen juuret ovat historiassa ja että se on looginen, järkevä ja täynnä syvällisiä totuuksia. Meidän täytyy kuitenkin myös osoittaa, että se toimii, että *me olemme nähneet Herran* ja että *me tunnemme hänet henkilökohtaisesti*.

Arvovaltamme sanansaattajina ei perustu siihen, kuinka toimitamme sanoman, kuinka täydellisesti olemme ymmärtäneet sen tai kuinka vakuuttavia vastauksia osaamme antaa. Arvovaltamme perustuu siihen, että tunnemme kuninkaan, että hänen voimansa on muuttanut meidät ja että hänen Henkensä on tehnyt meidät kykeneviksi julistaa. Tämä henkilökohtainen puoli havaitaan jakeiden 1. Kor. 15:3–58; 2. Piet. 1:16–18 ja 1. Joh. 1:1–3 kaltaisissa kohdissa.

Vastausta vaativa
Matteuksen evankeliumin jae 10:34 osoittaa, että Jeesuksen sanat ja läsnäolo jakavat aina ihmisiä. Hänen väitteensä ovat niin ehdottomia, hänen käskynsä niin arvovaltaisia ja hänen opetuksensa niin vastaansanomatonta, että ihmiset ovat joko hänen puolellaan tai häntä vastaan. He vastaavat hänelle joko sanomalla "kyllä" tai hylkäävät hänet sanomalla "ei". Näiden välillä ei ole "harmaata" aluetta, ei keskitietä, ei päättämättömyyttä.

Ihmisten täytyy yhä edelleen antaa vastauksensa kuninkaan evankeliumin sanoman aitoon julistamiseen, ja raamatullinen vastaus on selkeä. Tuo vastaus menee paljon pidemmälle kuin

Kadotettujen tavoittaminen

kysymys: "Mitä minun tulee tehdä, että saan lipun taivaaseen?" Todellinen kysymys on: "Mitä minun tulee tehdä nyt, kun Jumalan valtakunta on täällä?"

Usko Kristukseen on riittävä vastaus pelastuksen saamiseksi. Kun filippiläinen vartija kysyi Apostolien tekojen luvussa 16: "Mitä minun on tehtävä, että pelastuisin?", Paavali ja Silas vastasivat: "Usko Herraan Jeesukseen, niin pelastut, sinä ja sinun perhekuntasi." Roomalaiskirjeen jae 10:9 julistaa samaa: "Jos sinä suullasi tunnustat, että Jeesus on Herra, ja sydämessäsi uskot, että Jumala on herättänyt hänet kuolleista, olet pelastuva."

Helluntaipäivänä, ensimmäisen evankelioivan saarnan lopussa, väkijoukko vastasi kysymyksellä: "Mitä meidän pitää tehdä?" (Ap. t. 2:37). Pietarin vastaus osoittaa, että oikea vastaus evankeliumiin on kääntyä pois vanhoilta teiltä ja alkaa elää uutta Jumalan valtakunnan elämää:

◆ tehdä parannus (vrt. v. 1938 käännös, suom. huom.)

◆ ottaa kaste

◆ ottaa vastaan Pyhä Henki.

Oikeaa vastausta evankeliumiin tarkastellaan tarkemmin kirjoissa *Jumalan hallintavalta* ja *Jumalan kirkkaus seurakunnassa*. Sen lisäksi uskoa tutkitaan kirjassa *Elävä usko*, kastetta kirjassa *Jumalan kirkkaus seurakunnassa* ja Hengen vastaanottamista kirjassa *Hengen tunteminen*. Edellä mainittuihin Pietarin antamiin kolmeen vastaukseen voitaisiin lisätä "uskominen", "osallistuminen uuteen yhteisöön, seurakuntaan" ja "ryhtyminen elämään opetuslapsen elämää maailmassa".

Parannuksen tekeminen on täydellinen mullistus, radikaali mielenmuutos, joka johtaa suunnan muuttumiseen. Se ei ole ainoastaan kielteistä kääntymistä vääristä asenteista ja teoista, se on myös positiivista kääntymistä Jumalan puoleen ja hänen ajattelutapansa ja elämäntapansa puoleen.

Uskomiseen sisältyy selkeä sitoutuminen Isän tahtoon ja Jeesuksen persoonaan. Siihen sisältyy älyllistä myöntymistä

Evankelioinnin sanoma

mutta myös paljon muuta. Se on evankeliumin kuuliaisuutta, se on täydellistä antautumista Jumalan hallintavaltaan, se on sitoutumista koko elämän kestävään opetuslapseuteen.

Kaste on Jumalan vala, hänen liittonsa merkki, joka on vertauskuva evankeliumin tärkeimmistä siunauksista ja joka myös lahjoittaa ne. Näitä siunauksia ovat puhdistuminen synnistä, liitto Kristuksen kanssa, vanhan kuoleminen ja uuden ylösnouseminen, pyhittäytyminen Jumalalle, osallisuus lapsen asemaan ja Kristuksen ruumiin jäsenyys.

Hengen vastaanottaminen on olennainen osa hyvää sanomaa, sillä juuri Hengen kautta me synnymme uudesti Jumalan perheeseen ja pääsemme nauttimaan Kristuksen läsnäoloa.

Kokonaisvaltainen vastaus on osa Jeesuksen evankeliumia. Jeesus kutsui ihmisiä tekemään parannusta, uskomaan, ottamaan kaste, odottamaan Henkeä, jonka hän olisi lähettävä, ottamaan paikkansa kristillisessä yhteisössä ja lähtemään opetuslapsina maailmaan. Apostolien teoista havaitaan, että alkuseurakunta jatkoi saman sanoman julistamista – paitsi että ihmisten ei enää tarvinnut odottaa Henkeä, sillä Jeesus oli jo lähettänyt hänet. Tämän täytyy olla myös osa meidän sanomaamme.

Ainutlaatuinen sanoma

On olemassa vain yksi tie Jumalan luo, ja se on Jeesuksen kautta. Edellä on kuitenkin havaittu, että tätä tietä voidaan kuvailla useilla toisiaan täydentävillä tavoilla. Jeesus esimerkiksi sovitti sanansa ja kuvailunsa aina niin, että ne olivat osuvia ja merkityksellisiä senhetkisten kuulijoiden kannalta. Hän käytti arkipäiväisiä kuvia, jotta saisi esitettyä hyvän sanoman sellaisella tavalla, joka merkitsi jotakin tavallisille kärsiville ihmisille. Hän puhui evankeliumia käyttämällä siitä viljelyyn, rakentamiseen, kalastukseen, puutarhanhoitoon, ruoanlaittoon, ompelemiseen, paimentamiseen, ostamiseen, myymiseen, juomiseen, syömiseen yms. liittyvää sanastoa.

Kadotettujen tavoittaminen

Paavali taas käytti kekseliäästi oikeusistuinten, orjamarkkinoiden ja perhe-elämän kieltä kuvaamaan ristin aikaansaamia asioita tavalla, jonka hänen aikansa tavalliset ihmiset ymmärsivät.

Lisäksi Apostolien teoissa havaitaan, että apostolit terästivät sanomaansa lainauksilla kirjoituksista ja viittauksilla niihin, kun he puhuivat juutalaisille, mutta että he eivät lähes koskaan viitanneet Vanhaan testamenttiin, kun he saarnasivat pakanoille. Silloin he sen sijaan mainitsivat pakanahautoja ja kreikkalaisia runoilijoita.

Tästä voidaan päätellä, että meidän tulee olla täysin uskollisia evankeliumin ydinsanomalle – raamatulliselle Kristukselle, hänen kuolemalleen ja ylösnousemukselleen sekä hänen ristillä aikaansaamilleen asioille –, kun sanallisesti julistamme kuninkaan sanomaa. Samalla meidän tulee kuitenkin ponnistella sen eteen, että saisimme esiteltyä tuon sanoman joustavalla, osuvalla ja luovalla tavalla kadotetuille ja kärsiville ihmisille, joiden tavoittamista varten meidät on voideltu.

Osa 5

Henkilökohtainen evankeliointi

Matteuksen evankeliumin kohdissa 6:25-26 ja 10:29-31 Jeesus painottaa jokaisen yksilöihmisen suurta arvoa: Jumala tuntee läheisesti jokaisen miehen, naisen ja lapsen ja arvostaa jokaista hyvin paljon. Luukkaan evankeliumin jakeissa 15:1-32 Jeesus taas paljastaa, kuinka valtava on taivaallinen kiinnostus tavoittaa ja pelastaa kadotettuja yksilöitä.

Henkilönä läsnäolevana Jumalana Jeesus osoitti todeksi tämän jumalallisen välittämisen ja kiinnostuksen sillä merkittävällä tavalla, jolla hän kohtasi ihmisiä ja samastui heihin. Evankeliumeissa kerrotaan rakastavasta huomiosta, jota hän henkilökohtaisesti osoitti eri henkilöille – varkaalle, prostituoidulle, kalastajalle, spitaaliselle, rikkaalle hallitusmiehelle, rampautuneelle naiselle, sairaalle lapselle, surevalle äidille, korruptoituneelle virkamiehelle ja niin edelleen. Hän välitti heistä kaikista – mutta erityisesti *ptochoi*-ihmisistä.

Jeesus ja miehet

Tavallisten miesten ja Jeesuksen välisiin suhteisiin kiinnitetään kaikkein eniten huomiota Luukkaan evankeliumissa. Matteuksen evankeliumissa kyllä mainitaan idän tietäjät ("viisaat miehet" englanninkielisen käännöksen mukaan, suom. huom.) ja Johanneksen evankeliumissa esitellään Lasarus, Nikodemos ja kerjäläinen, joka päätyi pyyhkimään sylkeä kasvoiltaan, mutta Luukkaan evankeliumi tarjoaa ainutlaatuista tietoa Kleopaksesta, Herodeksesta, Simeonista, Simonista, Sakkeuksesta, Sakariaksesta, seitsemästäkymmenestä opetuslapsesta, paimenista ja varkaasta ristillä.

Kadotettujen tavoittaminen

Luukas painottaa, että Pietari, Jaakob ja Johannes olivat erityisen läheisiä Jeesuksen kanssa: juuri nämä apostolit hän mainitsee kaikista useimmin. Jakeissa 6:12-16 olevan luettelon jälkeen Luukas viittaa enää näihin kolmeen sekä Leeviin ja Juudakseen. Luukas myös osoittaa, että Jeesuksella oli enemmän kuin 12 seuraajaa viittaamalla opetuslapsiin *ja* apostoleihin. Jae 6:13 osoittaa, että opetuslapset olivat suuri joukko miehiä ja naisia, josta 12 apostolia valittiin.

Luukkaan evankeliumissa kerrotaan paljon enemmän siitä, kuinka Jeesus toimi suhteessa suureen joukkoon tavallisia opetuslapsia kuin suhteessa kahteentoista apostoliin. Jakeissa 10:1-20 kerrotaan esimerkiksi siitä, kuinka Jeesus lähetti 70 opetuslasta evankelioimaan - ja kuinka he palasivat takaisin iloiten.

Luukkaan evankeliumissa myös kerrotaan siitä, kuinka Jeesus nautti aterioita kahdenlaisten miesjoukkojen kanssa. Kirjanoppineet, fariseukset ja lainopettajat joivat ja söivät Jeesuksen kanssa - mutta vain saadakseen hänet tekemään jonkin virheen. Veronkantajat ja syntiset taas järjestivät illallisia todistukseksi ystävyydestään ja tuestaan. Luukas kirjoittaa viidestä ateriasta, joilla Jeesus oli vieraana, ja osoittaa näin, kuinka Jeesus haastoi sosiaalisia odotuksia. Tästä voidaan lukea kohdista 5:32, 7:36-50, 11:37-54 ja 14:1-14.

Läpi koko evankeliuminsa Luukas esittelee useita miehiä, jotka vastaavat Jeesukselle hyvinkin eri tavoilla. Monet vastustavat Jeesusta kiivaasti, toiset iloitsevat hänen armostaan ja arvovallastaan ja jotkut taas kääntyvät pettyneinä pois hänen luotaan - koska eivät kykene täyttämään hänen vaatimuksiaan.

Luukas asettaa tavalliset miehet keskiöön kertoessaan Jeesuksen syntymästä, hän esittelee pakanamiehet - erityisesti sadanpäämiehet ja sotilaat - erityisen suotuisassa valossa ja hän keskittyy tavallisten miesten tekemisiin kuvatessaan Jeesuksen kuolemaan liittyviä tapahtumia.

Luukkaan evankeliumi alkaa yksityiskohtaisella selonteolla siitä, kuinka Jumala toimi Sakariaan kanssa, ja päättyy

Henkilökohtainen evankeliointi

kertomalla Jeesuksen pitkästä keskustelusta Kleopaksen kanssa. Nämä kaksi miestä yhdessä Sakkeuksen kanssa ovat Luukkaan pääesimerkit *ptochoi*-miehistä, jotka kokevat Jumalan aikaansaaman muutoksen.

Kertomus Jeesuksen henkilökohtaisesta evankelioivasta kohtaamisesta Sakkeuksen kanssa jakeissa 19:1–10 seuraa välittömästi hänen tapaamistaan rikkaan miehen kanssa jakeissa 18:18–23. Näiden miesten vastaukset esitetään täysin vastakkaisina, ja ne havainnollistavat Jeesuksen vertauksia kohdissa 16:19–31 ja 18:9–14. Rikas mies ei kyennyt täyttämään Jeesuksen vaatimusta olla ylitsevuotavan antelias, mutta veronkantaja antoi vapaaehtoisesti enemmän kuin kukaan osasi odottaa.

Kertomus Sakkeuksesta on tyypillistä Luukasta, ja siihen nivoutuvat yhteen hänen evankeliuminsa kaikki teemat. Se sisältää parannuksen tekoa, anteliaisuutta, vieraanvaraisuutta, kadotetut ja iloa. Sen voimallinen lopetus jakeessa 19:10 on sekä Luukkaan evankeliumin huipennus että sen pääteema, ja me voimme oppia paljon toimivasta henkilökohtaisesta evankelioinnista tästä Jeesuksen antamasta esimerkistä.

Jeesus ja naiset

Luukkaan evankeliumissa kiinnitetään erityistä huomiota myös tavallisten naisten ja Jeesuksen välisiin suhteisiin. Muissa evankeliumeissa naiset mainitaan pääosin vain ohimennen, mutta Luukas mainitsee 19 tapausta, joissa kerrotaan siitä, miten naiset vastasivat Jeesukselle.

Aikana, jolloin naiset sivuutettiin merkityksettömänä omaisuutena, Luukkaan evankeliumi paljastaa sen mullistavan tavan, jolla Jeesus heihin suhtautui. Siinä esimerkiksi kerrotaan, että:

◆ naiset esiintyivät Jeesuksen vertauksissa – 15:8–10 ja 18:1–8

◆ naiset olivat keskeisessä osassa Jeesuksen syntymään liittyvissä tapahtumissa – 1:26–2:51

Kadotettujen tavoittaminen

- Jeesus paransi naisia – 8:40–56 ja 13:10–17
- Jeesus hyväksyi naiset ja antoi heille anteeksi – 7:36–38
- naiset pitivät huolta Jeesuksesta – 8:1–3 ja 10:38–42
- Jeesus kuunteli naisia – 11:27–28
- Jeesus ylisti naisia – 21:1–4
- naiset täytettiin Hengellä – 1:41
- naiset pysyivät Jeesuksen luona hänen kuollessaan – 23:49
- naiset halusivat huolehtia Jeesuksen ruumiista – 23:55
- naiset olivat Jeesuksen ylösnousemuksen ensimmäiset todistajat – 24:6.

Luukkaan evankeliumin jakeet 7:11–16 havainnollistavat Jeesuksen epätavallista kärsivällisyyttä ja myötätuntoa naisia kohtaan. Kun Jeesus kosketti avonaista arkkua, hän teki itsestään rituaalisesti epäpuhtaan. Vaikuttaakin siltä, että hänelle puhtautta tärkeämpää oli saada osoittaa välittämistään läheisensä menettäneelle leskelle ja osoittaa tälle samastumistaan häneen.

Ramman naisen parantaminen jakeissa 13:10–17 on myös tyypillinen luukasmainen kertomus. Siinä on mukana nainen, siinä kerrotaan tarkkoja yksityiskohtia hänen tilastaan ja parantumisestaan, siinä mainitaan erimielisyydet virkavallan kanssa, siinä ilmoitetaan, että nainen antoi kunnian Jumalalle, ja se loppuu kiinnittämällä huomiota ihmisten iloon. Tämä kertomus – ehkäpä enemmän kuin mikään toinen – paljastaa Jeesuksen täyttämässä voitelunsa päätarkoitusta ja tavoittamassa *ptochoi*-ihmisiä evankeliumia todeksi osoittamalla. Se on klassinen esimerkki henkilökohtaisesta evankelioinnista.

Henkilökohtainen evankeliointi

Johanneksen evankeliumi

Johanneksen evankeliumi on melko erilainen kuin muut kolme evankeliumia. Se keskittyy enemmän ylistykseen ja yhdistää Jeesuksen elämän juutalaisten uskonnolliseen vuoteen. Siinä kerrotaan useammin siitä, mitä Jeesus opetti temppelissä, kuin siitä, mitä vertauksia hän kertoi teiden varsilla. Lisäksi siinä paljastetaan joitakin tarkoin valikoituja kohtauksia Jeesuksen elämästä pyhien juhlien yhteydestä – eikä niinkään punota tapahtumia Jeesuksen matkojen ympärille.

Esimerkiksi kertomus Jeesuksen henkilökohtaisesta evankelioivasta kohtaamisesta samarialaisen naisen kanssa (Joh. 4) esiintyy jakeiden 2:13–4:54 pääsiäisen vieton asiayhteydessä, ja se on osa pääsiäisen teeman ympärille pohjautuvien hengellisten ajatusten jatkumoa. Jakeessa 2:20 Johannes painottaa, että Poika pystyy palauttamaan ennalleen kaiken, minkä ihmiset tuhoavat, seuraavaksi hän esittelee uudestisyntymisen jakeessa 3:3 ja sitten jakeessa 4:14 meissä asuvan Hengen.

Kertomuksia Jeesuksesta henkilökohtaisesti evankelioimassa Nikodemosta ja samarialaista naista käytetään havainnollistamaan näitä hengellisiä teemoja. Kaikesta uskonnollisuudestaan huolimatta Nikodemos tarvitsee uuden elämän. Ja kaikista synneistään huolimatta tahratussa samarialaisessa voi pulputa elävän veden lähde.

Koska Johannes keskittyy juutalaisiin juhliin, hänen evankeliumissaan kerrotaan vain noin 20 päivästä Jeesuksen palvelutyön ajalta. Mielenkiintoista kuitenkin on, että merkittävä osa tästä kertoo siitä, kuinka Jeesus toimi suhteessa yksittäisiin henkilöihin. Esimerkiksi Johanneksen evankeliumin luvussa 4 kerrotaan 30 jakeen verran Jeesuksen kohtaamisesta naisen kanssa, kun taas sitä seurannutta "herätystä" Samariassa käsitellään vain neljässä jakeessa.

Tämän tulisi auttaa meitä ymmärtämään, että sen ohessa, että meillä on "uuden luomakunnan" into tavoittaa *kosmos*, meidän tulee myös syvästi välittää yksittäisistä miehistä ja naisista – ja suhtautua heihin samalla myötätuntoisella,

Kadotettujen tavoittaminen

huomaavaisella, rakastavalla ja ei-ylimielisellä tavalla kuin Jeesus.

Kun on kyse evankelioinnista, monet nykyseurakunnat keskittyvät suurten ihmisjoukkojen tavoittamiseen muodollisissa ja järjestetyissä kokouksissa. Jeesuksen esimerkin tulisi kuitenkin vakuuttaa meidät siitä, että yksilöuskovien toimesta tapahtuvan henkilökohtaisen evankelioinnin tulee olla keskeinen osa jokaisen seurakunnan tehtävää tavoittaa kadotettuja Kristuksen evankeliumilla.

Henkilökohtaisen evankelioinnin oikeanlaisen painottamisen ei kuitenkaan tulisi saada meitä sivuuttamaan jakeiden Matt. 4:25, 8:1, 9:8, 9:33–36, 12:15, 12:23, 13:1, 13:34 ja 14:13–23 kaltaisia raamatunkohtia, jotka osoittavat, että Jeesus julisti silti myös suurille joukoille miehiä ja naisia.

On tärkeää ymmärtää, ettei Jeesus itse koskaan aktiivisesti etsinyt näitä väkijoukkoja vaan että ne aina etsivät hänet. Ihmiset kerääntyivät hankaliin paikkoihin aivan sopimattomiin aikoihin. He täyttivät kodit, joissa oli tapahtunut ihme tai joissa he tiesivät Jeesuksen olevan. Vaikka tämä onkin yhä enenevissä määrin tavallista Afrikassa, Aasiassa ja Latinalaisessa Amerikassa, tällaista ei tällä hetkellä juurikaan tapahdu läntisessä Euroopassa.

Eniten evankeliumeissa kuitenkin kerrotaan Jeesuksen palvelutyöstä epävirallisissa kokoontumisissa teiden varsilla, kodeissa ja puutarhoissa, aterioilla ja hautajaisissa, altaiden luona tai veneissä.

Jeesus julisti tietenkin myös muodollisissa, järjestetyissä kokoontumisissa paikallisissa synagogissa, mutta nämä tapahtumat eivät olleet hänen evankeliointityönsä keskipiste. Jeesus ei koskaan sivuuttanut väkijoukkoja eikä hän laiminlyönyt muodollisia kokouksia, mutta evankeliumit tekevät selväksi, että henkilökohtainen, yksilöihin keskittyvä palvelutyö oli hänen evankelioivan toimintansa ydintä.

Jeesuksen henkilökohtainen evankeliointi ei noudattanut jotakin mekaanista kaavaa. Kuten havaitaan läpi tämän *Hengen miekka* -kirjasarjan, Jeesus ei tehnyt mitään omasta

Henkilökohtainen evankeliointi

aloitteestaan. Hän oli täysin alistunut Isän tahtoon, noudatti aina Isän ohjeita ja oli täysin riippuvainen Pyhän Hengen voitelustaan.

Kuten havaitaan kirjoissa *Palveleminen Hengessä* ja *Jumalan tunteminen*, jos haluamme olla osallisia Jeesuksen palvelutyöhön ja palvella hänen tehokkuudellaan, myös meidän täytyy alistua Isän tahtoon, kuunnella hänen ääntään, noudattaa hänen ohjeitaan evankeliumin kuuliaisuudella ja turvautua täysin Hengen antamaan kykyyn toimia ja häneltä saamaamme varustamiseen. Vaikka meitä ei olekaan kutsuttu jäljittelemään tarkasti Jeesuksen palvelutyön tyyliin ja kaavan jokaista yksityiskohtaa, voimme oppia paljon henkilökohtaisesta evankelioinnista siitä tavasta, jolla Jeesus tavoitti kadotettuja.

Edellä todettiin, että Jeesuksen tapaaminen Sakkeuksen kanssa on yksi Luukkaan evankeliumin huipentumista ja että Jeesuksen keskustelu samarialaisen naisen kanssa pohjustaa tapahtumat Johanneksen evankeliumissa. Vaikka nämä kaksi kertomusta ovatkin hyvin erilaisia ja niiden henkilöt ovat sosiaalisesti toistensa vastakohtia, kertomukset sisältävät viisi henkilökohtaisen evankelioinnin perusperiaatetta, jotka ilmenevät toistuvasti siinä, kuinka Jeesus palveli kadotettuja.

1. Tee aloite

Jeesus ei tiettävästi ollut aiemmin tavannut Sakkeusta eikä naista: vaikuttaa siltä, että näissä kahdessa kertomuksessa kerrotaan evankelioivista kohtaamisista täysin tuntemattomien ihmisten kanssa. Molemmissa tapauksissa Jeesus oli matkalla: hän oli kävelemässä Jerusalemiin, kun hän kulki Jerikon läpi, ja hän oli menossa Galileaan, kun hän tuli Sykariin.

Tämä osoittaa, että monet parhaista mahdollisuuksista henkilökohtaiseen evankeliointiin koittavat luonnollisissa, jokapäiväisissä ympäristöissä: junissa ja lentokoneissa, ruokakaupoissa ja kahviloissa, puistoissa ja urheilutapahtumissa ja niin edelleen.

Inhimillisestä näkökulmasta katsottuna Jeesuksen ei olisi

Kadotettujen tavoittaminen

tarvinnut tehdä aloitetta kummankaan henkilön suhteen. Jerikossa hän olisi voinut yöpyä majatalossa, ja Sykarissa hän olisi voinut itse nostaa itselleen juotavaa kaivosta. Jeesus oli kuitenkin yhteydessä Jumalaan ja täynnä rakkautta ihmisiä kohtaan. Hän oli herkkä Hengen kehotukselle ja tietoinen ihmisten syvästä tarpeesta pelastua.

Jos me haluamme tehdä toimivan evankelioivan aloitteen ihmisten tavoittamiseksi, meidän täytyy aidosti haluta tavoittaa heidät ja lisäksi kuunnella Jumalaa, jotta saisimme tietää, kuinka hän haluaa meitä johdattaa.

Sykarin kaivon tapahtumiin liittyi merkittäviä sosiaalisia ja kansallisuuden sanelemia esteitä, mutta Jeesuksen myötätuntoinen inhimillisyys mahdollisti sen, että hän kykeni hälventämään naisen epäluulot ja epäluottamuksen. Jerikossa Jeesus taas joutui vastakkain uteliaan ihmisjoukon kanssa, ja Henki näytti hänelle, kuka se yksi henkilö tuossa joukossa oli, kenen kanssa hänen tuli avata keskustelu.

Molemmissa tapauksissa Jeesus teki aloitteen asettamalla itsensä asemaan, jossa hän olisi velkaa kohtaamalleen henkilölle. Naiselta hän pyysi juomista ja mieheltä sänkyä. Monet uskovat yrittävät nykyään tehdä aloitteen tarjoutumalla antamaan ihmisille jotakin. Jeesus kuitenkin teki aloitteen täysin päinvastaisella tavalla. Hän otti alemman aseman, hän lausui pyynnön, hän pyysi palvelusta.

Tällainen lähestymistapa evankeliointiin vaatii aikaa, ja siihen liittyy suuri riski joutua torjutuksi. Mutta onko sillä todellisuudessa väliä, jos meidät sivuutetaan tai torjutaan? Liian usein juuri pelokas ylpeytemme on se seikka, joka estää meitä tavoittamasta ihmisiä.

Jos haluamme tehdä aloitteen tavallisten kadotettujen ihmisten tavoittamiseksi, meidän täytyy kuunnella tarkkaavaisesti Jumalaa, etsiä Pyhän Hengen selvää johdatusta ja olla valmiita kärsimään osa Jeesuksen kivuista ja hylkäyksestä. Mitä lähempänä olemme Jeesusta, sitä enemmän hänen motivoiva rakkautensa voi meidän kauttamme tavoittaa niitä kadotettuja ihmisiä, joita kohtaamme.

Henkilökohtainen evankeliointi

2. Herätä ihmisten uteliaisuus

On opettavaista huomata, ettei Jeesus "saarnannut" Sakkeukselle tai naiselle. Hän ei myöskään lainannut raamatullisia tekstejä, puhunut evankeliumia latteilla ja kuluneilla sanoilla tai kysynyt etukäteen valmisteltuja ja ulkoa opeteltuja kysymyksiä.

Nainen ei selvästikään ollut koskaan edes kuullut Jeesuksesta, joten Jeesus herätti naisen uteliaisuuden vihjailemalla jostakin, joka oli paljon tyydyttävämpää kuin naisen senhetkinen kokemus: tästä voidaan lukea kohdassa Joh. 4:10-14. Jeesus käytti luovia sanoja ja kuvia, jotka olivat juuri tuon kyseisen hetken synnyttämiä, ja evankeliumista hän käytti analogiaa, joka liittyi suoraan naisen senhetkisiin tarpeisiin. Tämän seurauksena nainen alkoi kysellä Jeesukselta kysymyksiä ja pyytää häneltä apua.

Sakkeuksen kohdalla oli toisin. Hän oli kuullut Jeesuksesta muilta ihmisiltä ja oli jo valmiiksi utelias. Mikään ei kuitenkaan olisi voinut valmistella häntä sitä hetkeä varten, kun Jeesus kutsui häntä nimeltä, vaikka hän luuli olevansa turvallisesti piilossa puussa.

Tämä oli luultavasti Hengeltä saatu tiedon sana (tosin Jeesus oli saattanut kuulla Sakkeuksesta myös Matteukselta). Hengen lahjat herättävät usein ihmisten uteliaisuuden, kuten myös kirjat, elokuvat, näytelmät, ylistys, uhrautuva palveleminen ja niin edelleen. Meidän täytyy kuitenkin aina antaa uteliaisuudelle aikaa kehittyä todelliseksi kyselemiseksi. On turhaa vastata kysymyksiin, joita ihmiset eivät kysele, tai hoputtaa ihmisiä kohti päätöstä, jota he eivät ole valmiita tekemään.

Hengellinen nälkä
Nainen ja Sakkeus molemmat olivat hengellisesti nälkäisiä - vaikka he eivät olisi suostuneetkaan myöntämään sitä itselleen. Useimmat ihmiset ovat, sillä sellaisiksi Jumala on meidät luonut.

Kadotettujen tavoittaminen

Vain harvat tietenkään myöntävät olevansa hengellisesti nälkäisiä – tai edes ymmärtävät olevansa. Jos emme tuo ihmisiä siihen pisteeseen, jossa he alkavat kysellä kysymyksiä tai pyytää apua, on epätodennäköistä, että he suostuvat kuulemaan hyvää sanomaa, kun me sitä yritämme heille kertoa.

Keskitymme evankelioidessamme usein sanoihin: pohdiskelemme, mitä meidän tulisi sanoa. Ihmiset eivät kuitenkaan janoa sanoja, he janoavat todellisuutta, aitoutta, erityislaatuista elämää ja elämistä.

Kun ihmiset hämmästelivät Jeesuksen arvovaltaa, he eivät ainoastaan tunnustaneet, että hänen sanansa olivat totta, he myös ihmettelivät hänen elämänsä laatua, joka jotenkin tuki hänen sanojaan ja toi niihin jotakin lisää.

Asia, joka saa useimmat ihmiset aluksi kiinnostumaan Kristuksesta, on se, että he näkevät Kristuksen todellisuuden jossakin uskovassa. He saattavat nähdä täydellisen muutoksen ystävässä, josta juuri tuli kristitty, tai he saattavat olla vaikuttuneita jonkun henkilön täynnä epäitsekästä palvelemista olevasta elämästä, tai he saattavat hämmästyä jotakin ihmettä tai he saattavat aistia Kristuksen läsnäolon jossakin henkilössä, jonka he tapaavat. Mikä heidän uteliaisuutensa sitten herättääkin, he haluavat tietää, että se on aitoa – eikä tekaistua tai teeskenneltyä – ja he haluavat olla varmoja siitä, että tuon henkilön sisäinen elämä sopii yhteen hänen ulkoisen esiintymisensä kanssa.

Sakkeus oli utelias näkemään, oliko Jeesus todella niin hyvä kuin hän oli kuullut tämän olevan. Yksi Herraan luotu silmäys, yksi ääni hänen suustaan, ja Sakkeus tiesi, että puheet olivat totta. Hän oli valmis vastaamaan. Ja naisen tarvitsi keskustella vain muutaman minuutin ajan Jeesuksen kanssa, niin hän vaihtoi vihamielisen epäluulonsa hengelliseen avoimuuteen.

Meidän täytyy muistaa, etteivät ihmiset käänny johonkin oppiin, he kääntyvät Kristuksen puoleen. Läpinäkyvä, tarttuva, ilontäyteinen Kristuksen kaltainen pyhyys on avainasemassa henkilökohtaisessa evankelioinnissa.

Henkilökohtainen evankeliointi

3. Tarjoa haaste

Kun samarialainen nainen oli jakeessa Joh. 4:15 vihdoin tarpeeksi utelias pyytämään "tätä vettä", Jeesus ei heti rynnännyt esittelemään evankeliumia. Sen sijaan hän hienotunteisesti haastoi naisen elämän kipupisteen.

Monet uskovat olisivat ilahtuneet, kun nainen pyysi "vettä", ja pakottaneet elävän veden hänen ylleen. Jeesus oli kuitenkin aina kiinnostuneempi opetuslasten tekemisestä kuin käännynnäisten keräämisestä. Hän aina haastoi ihmisiä kohtaamaan sen opetuslapseuteen liittyvän ongelman, joka oli heidän elämänsä keskiössä.

Tämän naisen ongelma olivat miehet. Sakkeuksen ongelma oli raha. Jeesus ei kuitenkaan nuhdellut naista tämän moraalittomuudesta, eikä hän ojentanut Sakkeusta tämän ahneudesta. Hän sitä vastoin hienotunteisesti haastoi heitä molempia kohtaamaan oman elämänsä ongelmakohdat. Hän käski naista hakemaan miehensä paikalle, ja Sakkeusta hän pyysi antamaan ruokaa ja yöpymispaikan kolmelletoista henkilölle.

Jeesuksen voitelu ja avoimuus Hengelle tekivät mahdolliseksi sen, että hän kykeni vastaanottamaan jotakin siitä tietämyksestä, jota Jumalalla tuosta naisesta oli – mutta hän mainitsi asian hyvin varovasti. Jumala antaa yhä edelleen henkilökohtaisen evankelioinnin yhteydessä voidelluille uskoville niitä ihmisiä koskevia "tiedon sanoja", joita he pyrkivät tavoittamaan.

Tämä on tärkeä Hengen lahja, ja meidän tulisi aina olla valmiita kuuntelemaan näitä jumalallisia tiedonjyviä, kun keskustelemme ihmisten kanssa. Tarvitsemme kuitenkin Hengen antamaa "viisauden" lahjaa, jotta osaisimme käsitellä tällaista tietoa Jeesuksen hienotunteisuudella ja rohkeudella. Tätä käsitellään kirjoissa Hengen tunteminen, *Palveleminen Hengessä* ja *Jumalan tunteminen*.

Läpi evankeliumien voidaan havaita, kuinka Jeesus toistuvasti haastoi ihmisiä punnitsemaan opetuslapseuden hintaa – esimerkiksi kohdissa Matt. 8:18–22; Mark. 8:34; Luuk.

Kadotettujen tavoittaminen

5:8–11, 18:18–30; Joh. 5:14 ja 8:11. Tämä on oleellinen osa evankeliointia. Jeesus ei kuitenkaan koskaan noudattanut jotakin kaavaa. Sen sijaan hän haastoi eri ihmisiä eri tavoilla. Hän nosti esiin sen seikan, joka merkitsi kullekin ihmiselle eniten, ja selitti Jumalan valtakunnan vaatimukset – usein tavalla, joka sai kaikki muut lannistumaan paitsi ne, jotka todella olivat tosissaan.

4. Vastaa kysymyksiin
Ratkaisevassa vaiheessa molemmissa kertomuksissa, juuri ennen kuin nainen ja Sakkeus ottivat vastaan pelastuksen lahjan, tapahtui hämmentävä harhautuminen aiheesta.

Haaste, jonka Jeesus naiselle asetti, osui hieman liian arkaan paikkaan, joten – jakeessa Joh. 4:20 – nainen käänsi keskustelun uskonnolliselle sivupolulle. Ja Jeesuksen sanat Sakkeukselle saivat väkijoukon niin suutuksiin, että – jakeessa Luuk. 19:7 – se alkoi nurista häntä vastaan (vrt. v. 1938 käännös, suom. huom.).

Juutalaisilla ja samarialaisilla oli eri käsitykset uskonnosta, erityisesti siitä, mikä oli oikea paikka rukoilla, ja nainen käytti tätä seikkaa harhauttavana taktiikkana. Ihmiset tekevät samaa yhä edelleen. He kysyvät usein kärsimyksistä, evoluutiosta, muista uskonnoista ja niin edelleen. He eivät tee tätä siksi, että vastaus näihin kysymyksiin olisi heille jotenkin erityisen tärkeä, vaan pelkästään kääntääkseen keskustelun pois Kristuksen asettamasta epämukavasta haasteesta.

Jeesus ei sivuuttanut naisen kysymystä, mutta hän ei myöskään antanut sen harhauttaa itseään. Jakeissa Joh. 4:21–24 Jeesus käsitteli naisen hämmennyksen lempeästi, ja sen jälkeen hän ohjasi naisen takaisin paljon tärkeämmän hengellisen aiheen äärelle.

Kuten osassa 4 havaittiin, meillä kaikilla tulisi olla hyviä vastauksia niihin tavallisiin kysymyksiin, joita ihmiset kyselevät kärsimyksistä, muista uskonnoista, evoluutiosta, ihmeistä, elämästä kuoleman jälkeen ja niin edelleen. Meidän täytyy kyetä käsittelemään nämä aiheet selkeästi,

Henkilökohtainen evankeliointi

loogisesti ja ytimekkäästi. Emme saa kuitenkaan antaa näitä aiheita koskevien kysymysten kääntää huomiota pois ihmisten omista hengellisistä tarpeista. Meidän tulee vastata aitoihin kysymyksiin ilman, että annamme niiden harhauttaa meitä.

Sakkeuksen kohdalla asia oli toisin. Harhautus ei ollut lähtöisin hänestä itsestään vaan väkijoukosta, ja Jeesuksen olisi ollut helppoa kääntää huomionsa näihin ihmisiin. Hän olisi voinut yrittää oikeuttaa sanansa, väitellä väkijoukon kanssa tai selittää itseään – tai jopa pyrkiä käännyttämään väkijoukon. Jeesus kuitenkin kieltäytyi antamasta minkään harhauttaa häntä hänen päämäärästään, tarvitsevasta Sakkeuksesta. Hän yksinkertaisesti jätti huomiotta väkijoukon nurinan ja odotti hiljaa, että Sakkeus vaientaisi väkijoukon sanoillaan.

Tämä vaati äärettömän paljon viisautta, mutta se osoittaa jälleen, ettei kääntyminen Jumalan puoleen riipu meidän sanoistamme. Meillä ei tarvitse olla kaikkia vastauksia. Meidän ei tarvitse kyetä hallitsemaan koko tilannetta. Jumala on kyllä kykenevä tekemään työtään ihmisten elämässä Hengen kautta. Joskus hiljaisuutemme on kaikkein täsmällisin tapa käsitellä jotakin harhautusta.

5. Synnytä sitoutumista

Sakkeuksen sanat Luukkaan evankeliumin jakeessa 19:8 eivät todellakaan ole mikään klassinen uskontunnustus. Jeesus kuitenkin tunsi tuon miehen sydämen ja julisti julkisesti, että pelastus oli tullut tuon perheen osaksi.

Naisen sanat Johanneksen evankeliumin jakeessa 4:29 taas eivät todellakaan kuulostaneet kovinkaan varmoilta, mutta jae 4:42 osoittaa, että nainen alkoi kuitenkin pian uskoa, että Jeesus oli Kristus, maailman Pelastaja.

On helppoa hakea ennalta määrättyä vastausta tai odottaa ihmisten ilmaisevan sitoutumistaan samalla tavalla kuin itse aikoinaan teimme. Jeesus kuitenkin katsoi sydämeen, ei ulkoisiin sanoihin, ja sai molemmat näistä henkilöistä sitoutumaan itseensä tavalla, joka sopi heille.

Kadotettujen tavoittaminen

Jae Joh. 4:25 antaa ymmärtää, että nainen yritti vielä muitakin viivästyttämistaktiikoita. Hän yritti siirtää päätöksen tekemistä myöhempään ajankohtaan. Ihmiset tekevät tätä yhä nykyäänkin, mutta Jeesus toi naisen kasvotusten itsensä kanssa – mitä myös meidän tulisi pyrkiä tekemään aina, kun evankelioimme millaisella tavalla tahansa.

Nämä kohtaamiset Jeesuksen kanssa olivat ainutlaatuisia tapahtumia Sakkeuksen ja naisen elämässä. Kyseisissä hetkissä Jeesus oli erityisen lähellä heitä: oli heidän muutoksen päivänsä. He joko pelastuisivat tuona päivänä tai eivät koskaan. Jokaisen ihmisen elämässä vaikuttaisi olevan vain muutamia tällaisia hetkiä, jolloin Kristus on näin lähellä. Jokainen mahdollisuus evankelioida on siis ratkaiseva, ja niihin täytyykin siksi suhtautua vastuullisesti. Meidän täytyy rohkaista ihmisiä sitoutumaan Kristukseen ilman, että kuitenkaan painostamme heitä millään tavalla.

Usein on hyvä kysyä ihmisiltä, haluaisivatko he meidän ehdottavan rukousta, joka auttaisi heidät alkuun Jeesuksen seuraamisessa, vai haluaisivatko he mieluummin lukea jotakin ja rukoilla sitten itse.

Jokaista yksilöä täytyy auttaa yksilöllisesti, sellaisilla tavoilla ja sellaisilla sanoilla, jotka sopivat tuon kyseisen henkilön tilanteeseen. On kuitenkin tärkeää olla *yksinkertainen* ja *tarkka*. Hengelliset asiat ovat useimmille ihmisille sekavia, joten yleistyksistä ei ole mitään apua.

Tietenkin on selvää, että meidän täytyy ensin itse ymmärtää evankeliumi selvästi, ennen kuin pystymme olemaan yksinkertaisia. Meidän ei kuitenkaan tarvitse kyetä selittämään vanhurskauttamisoppia, jotta voisimme johdattaa jonkun Kristuksen luo. Yleisellä tasolla on luultavasti avuksi käyttää jotakin löyhää kehystä, kuten neljää hengellistä lakia. Nämä ovat:

♦ Jumala rakastaa sinua, ja hänellä on ihmeellinen suunnitelma elämääsi varten – Joh. 3:16 ja 10:10.

♦ Ihminen on syntinen ja erossa Jumalasta – Room. 3:23

Henkilökohtainen evankeliointi

ja 6:23.

◆ Jeesus Kristus on Jumalan ainoa tarvittava vastaus ihmisten syntiin – Joh. 14:6 ja Room. 5:8.

◆ Sinun täytyy henkilökohtaisesti ottaa Kristus vastaan Herrana ja Pelastajana – Joh. 1:12 ja Ilm. 3:20.

Osassa 4 tarkasteltiin sitä sanomaa, joka meidät on kutsuttu viemään kadotetuille. Meidän ei kuitenkaan tarvitse selittää jokaista yksityiskohtaa jokaiselle henkilölle. Sen sijaan meidän tulee valita ne seikat, joihin Henki kääntää huomiotamme, ja esitellä ne tilanteeseen sopivilla sanoilla ja esimerkeillä.

Meidän on tärkeää myös huomata, että Sakkeus ja nainen molemmat alkoivat itse levittää hyvää sanomaa. Uudet käännynnäiset ovat usein kaikista tehokkaimpia evankelistoja, ja tuore todistus on yleensä voimallinen keino levittää evankeliumia.

Osa 6

Seurakunnan evankeliointityö

Edellä havaittiin, että evankelioinnin *sanoma* on Kristus ja että evankelioinnin *menetelmä* on se, että yksilöuskovat tavoittavat henkilökohtaisesti ympärillään olevia kadotettuja ihmisiä. Seuraavaksi meidän tulee kiinnittää huomiota siihen, että evankelioinnin *keino* on aina seurakunta.

Evankeliointi tapahtuu nykyään joskus erillään paikallisseurakunnista. On kuitenkin kaksi tärkeää syytä, miksi näin ei pitäisi olla:

◆ Seurakunta on Jumalan asettama keino evankeliumin levittämiseen.

◆ Evankelioinnin sanoman on tarkoitus kutsua ihmisiä osaksi Kristuksen ruumista, uskovien yhteisöä, jonka pää on Jeesus.

Kirjassa *Jumalan kirkkaus seurakunnassa* selvitetään, että todistaminen on seurakunnan päätehtävä. Kohdat Joh. 15:26–27 ja Ap. t. 1:8 kertovat, että seurakunnan kutsumus on olla Jeesuksen todistaja – sanoillaan, teoillaan ja elämäntyylillään – aina maan ääriin saakka. Seurakunta on kasvanut aina silloin, kun tavalliset uskovat on varustettu ja lähetetty todistajina.

Seurakunnilta, joilla ei ole paloa todistaa, jää täysin ymmärtämättä heidän kutsumuksensa – mennä ja tehdä kaikista kansoista Jeesuksen opetuslapsia. Kreikan kielen sana *martureo*, "todistaa", tarkoittaa "puhua siitä, mitä on nähty tai kuultu". Uudessa testamentissa sitä käytetään pääosin kuvaamaan todistamista Jeesuksesta, jonka tekevät:

◆ Isä – Joh. 5:32, 8:18 ja 1. Joh. 5:9–10

◆ Jeesus itse – Joh. 3:11, 4:44 ja 5:31

Kadotettujen tavoittaminen

- Pyhä Henki – Joh. 15:26 ja Hepr. 10:15
- kirjoitukset – Joh. 5:39; Hepr. 7:8 ja 7:17
- Jeesuksen tekemät teot – Joh. 5:36 ja 10:25
- profeetat ja apostolit – Ap. t. 10:43, 23:11 ja 1. Kor. 15:15.

Tämä korostaa sitä, että seurakunnan kaikkien sanojen ja tekojen on tarkoitus ohjata ihmiset Jeesuksen luo: hänestä me todistamme, emme itsestämme tai edes paikallisseurakunnastamme.

Johanneksen evankeliumin jakeet 1:27 ja 3:28–30 ovat erityisen merkityksellisiä. Seurakunnan tavoitteen täytyy olla todistaa Jeesuksesta, houkutella ihmisiä hänen luokseen, rohkaista ihmisiä seuraamaan häntä, auttaa ihmisiä rakastamaan häntä ja niin edelleen.

Meidän täytyy kuitenkin aina muistaa, ettemme voi todistaa tehokkaasti Jeesuksesta omassa voimassamme ja omilla kyvyillämme. Tarvitsemme Pyhän Hengen apua. Johanneksen evankeliumin jae 15:26 muistuttaa meitä siitä, että Pyhä Henki on "Todistaja", ja me kykenemme todistamaan tehokkaasti ainoastaan silloin, kun annamme hänen tehdä työtään meidän elämässämme. Apostolien tekojen jakeessa 1:8 opetuslapsille sanottiin, että heidän täytyi odottaa Hengen voiman tulemista heihin, ennen kuin he kykenisivät olemaan tehokkaita todistajia – ja tämä pätee seurakuntaan yhä nykyäänkin.

Evankeliointi ei ole jotakin erityistä toimintaa, jota seurakunnan tulisi aika ajoin tehdä – sen tulisi luonnehtia kaikkea, mitä sanomme ja teemme. Totuus on, että jokainen seurakunta todistaa jatkuvasti Jeesuksesta: onkin siis surullista, että iso osa siitä, mitä sanomme ja teemme, ei juurikaan tuo hänelle kunniaa, vaan saa ihmiset pikemminkin kääntymään pois hänen luotaan.

Jotkut uskovat hämmästyvät saadessaan selville, että Raamatussa on vain hyvin harvoja kehotuksia todistaa Matteuksen evankeliumin jakeiden 28:18–20 jälkeen. Tämä johtuu siitä, että evankeliointi oli alkuseurakunnassa itsestäänselvyys,

Seurakunnan evankeliointityö

eikä siihen tarvittu mitään tekniikoita, ohjelmia tai erityistä rohkaisemista.

Apostolien teot osoittavat, että koko seurakunta evankelioi kaiken aikaa. Toisin kuin nykyään, alkuseurakunnan evankeliointi ei ollut pakotettua, vastahakoista, puolisydämistä, satunnaista tai tuloksetonta. Sen sijaan se oli automaatista, spontaania, jatkuvaa ja tarttuvaa!

Jumalan sydämellä on pelastaa yksilöitä ja tehdä opetuslapsia, mutta hän haluaa myös rakentaa seurakuntaansa. Kuten selvitettiin kirjassa *Jumalan kirkkaus seurakunnassa*, hän haluaa, että meistä tulisi uusi yhteiskunta, elävä yhteisö, joka paljastaa hänen kirkkautensa maailmassa ja maailmalle.

Jumalan alkuperäinen suunnitelma, hänen perimmäinen tarkoituksensa, on, että ne, jotka hän luo omaksi kuvakseen, olisivat jumalallisen rakkauden yhteisö. Tämä tarkoittaa, että aina kun ihmiset antautuvat Kristukselle, heidän tulisi myös sitoutua hänen ruumiiseensa, seurakuntaan. Kuten aiemmin todettiin, tämä on osa kasteen merkitystä.

Kun Pietari oli Apostolien tekojen jakeissa 2:40–47 kertonut ihmisille, mitä heidän tuli tehdä, ja he olivat totelleet häntä, uudet käännynnäiset omistautuivat apostolien opetukselle ja elämään yhteydessä. He ilmaisivat sitoutumistaan Kristukseen elämällä osana hänen ruumistaan.

Ilmoitus

Edellä havaittiin, että hyvä sanoma on osa Jumalan ilmoitusta itsestään. Tämä tarkoittaa, että evankelioidessaan seurakunta ilmoittaa tai paljastaa Jumalan maailmalle. Tiedämme nyt, että tämän paljastavan prosessin tulisi sisältää:

- julistamista – julkista saarnaamista ja henkilökohtaisen todistuksen

- todeksi osoittamista – parantumisia, riivaajien ulosajamista, ihmeitä

- lihaksi tulemista – elämistä Kristuksen kaltaisena kärsivien ihmisten keskellä.

Kadotettujen tavoittaminen

Läpi tämän *Hengen miekka* -kirjasarjan on painotettu sitä yleistä raamatullista periaatetta, että jumalallinen ilmoitus tulee monilla toisiaan täydentävillä tavoilla, jotka eivät ole ristiriidassa keskenään. Esimerkiksi kirjassa *Elävä usko* selvitettiin, että Jumala ilmoittaa Sanansa sekä henkilökohtaisen Sanansa, Jeesuksen, kautta että kirjoitetun Sanansa, Raamatun, kautta ja että nämä ilmoitukset ovat aina täysin ristiriidattomia keskenään.

Samassa kirjassa myös havaittiin, että Jumalan *rhema*-sanat ovat aina yhdenmukaisia hänen *logos*-Sanansa – Jeesuksen ja Raamatun – kanssa sekä hänen kaikkien muiden *rhema*-sanojensa kanssa.

Kirjassa *Jumalan tunteminen* taas havaitaan, että Jumala puhuu meille monilla eri tavoilla mutta että hän vahvistaa Sanansa puhumalla meille useilla eri tavoilla, jotka ovat kuitenkin aina yhdenmukaisia keskenään.

Tämä yhdenmukaisuuden periaate pätee myös evankeliointiin. Jumalan tahto on ilmoittaa hänen hyvä sanomansa itsestään seurakunnassa ja seurakunnan kautta useilla toisiaan täydentävillä tavoilla, jotka ovat yhdenmukaisia keskenään. Tämän tähden ei koskaan riitä, että seurakunta ainoastaan julistaa – tarvitaan myös todeksi osoittamista ja lihaksi tulemista, jotka vahvistavat julistetun evankeliumin ja ovat yhdenmukaisia sen kanssa.

Tätä havaitaan Jeesuksessa, joka ilmoitti Jumalan ja paljasti totuuden Jumalasta sekä sanoillaan, teoillaan että elämällä pyhää elämää. Hän julisti evankeliumia sanallisesti, osoitti sanoman todeksi silmin nähtävällä tavalla ja toi tuon saman sanoman lihaksi voitokkaalla tavalla.

Sama havaitaan myös *parakletoksessa*, Pyhässä Hengessä, joka puhuu meille Jumalan sanoja, antaa meille voiman tehdä Jumalan tekoja ja tekee meistä enemmän Jeesuksen kaltaisia siinä, miten toimimme ja millaiset asenteemme ovat.

Jokaisen seurakunnan tulee siis varmistua siitä, että evankeliointi tunkeutuu sen elämän kaikkiin osa-alueisiin ja täyttää ne ja että se ilmoittaa hyvän sanoman

Seurakunnan evankeliointityö

kokonaisuudessaan kolmella toisiaan täydentävällä ja keskenään yhdenmukaisella perustavalla.

1. Julistaminen

Apostolien tekojen jae 2:11 paljastaa, että seurakunta aluksi ylisti, ja jakeet 2:14-40 osoittavat, että sen jälkeen se alkoi saarnata levittääkseen hyvää sanomaa. Henki laskeutui, opetuslapset ylistivät, mutta ihmiset "tunsivat piston sydämessään" vasta sitten, kun he kuulivat Hengen voimassa tapahtuvaa Sanan julistusta.

Sama havaitaan myös Apostolien tekojen luvussa 3. Mies parani Hengen voimasta, hän ylisti Jumalaa, mutta Apostolien tekojen jae 4:4 kertoo, että vasta Sanan julistus oli se seikka, joka sai ihmiset uskomaan.

Raamattu osoittaa, että alkuseurakunta käytti kaikki tilaisuudet hyväkseen julistaakseen Jumalan Sanaa. Tämä havaitaan esimerkiksi kohdissa Ap. t. 4:8-12, 8:4 ja 19:8-20. Viimeinen näistä kertoo hämmästyttävän esimerkin Paavalin omistautuneisuudesta Sanalle ja siitä tavasta, jolla Jumala kunnioitti hänen omistautuneisuuttaan.

Edellä havaittiin, että seurakunnan evankelioivan julistuksen jokaisen osa-alueen täytyy olla juurtunutta Jumalan Sanaan - Raamattuun ja Kristukseen - mutta että meidän täytyy kertoa kuninkaan sanoma kadotetuille sellaisilla sanoilla ja kuvilla, joita he ymmärtävät.

Apostolien teoissa käytetään ainakin viittätoista eri kreikan kielen sanaa kuvaamaan sitä, kuinka monilla eri tavoilla alkuseurakunta julisti Jumalan Sanaa. Alkuseurakunta esimerkiksi:

- ◆ *euangelizo*, "levitti evankeliumin sanaa" - Ap. t. 8:4
- ◆ *sugcheo*, "osoitti" - Ap. t. 9:22
- ◆ *anaggello*, "julisti" - Ap. t. 20:20
- ◆ *parakaleo*, "vetosi ihmisiin" - Ap. t. 2:40
- ◆ *ektithemi*, "selitti" - Ap. t. 28:23

Kadotettujen tavoittaminen

◆ *kerusso*, "ilmoitti" – Ap. t. 10:37

◆ *peitho*, "kehotti" – Ap. t. 13:43 (v. 1938 käännös)

◆ *kataggello*, "julisti" tai "saarnasi" (englanninkielinen käännös) – Ap. t. 17:13

◆ *sumbibazo*, "näytti toteen" – Ap. t. 9:22 (v. 1938 käännös)

◆ *diaphero*, "sai sanan leviämään" – Ap. t. 13:49

◆ *dialegomai*, "keskusteli" – Ap. t. 17:2

◆ *laleo*, "puhui" – Ap. t. 13:42

◆ *parrhesiazomai*, "julisti rohkeasti" – Ap. t. 9:27 ja 29

◆ *didasko*, "opetti" – Ap. t. 18:11

◆ *diamarturomai*, "todisti" – Ap. t. 8:25.

Edellä havaittiin jo, ettei nykyajan stereotyyppinen seurakunnan saarna vastaa raamatullista ajatusta sanansaattajamaisesta evankeliumin julistamisesta, ja yllä esitetty rikas kreikan kielen sanasto osoittaa, että alkuseurakunta julisti hyvää sanomaa mitä erilaisimmilla tavoilla. Tietyssä mielessä voidaankin sanoa, ettei sillä ollut väliä, kuinka he julistivat – kunhan vain hyvä sanoma tuli välitetyksi köyhille.

Paikallisseurakuntien tulisi jollakin tavalla tavoittaa uudelleen tämä evankeliumin julistamisen kiireellisyys, moninaisuus ja luovuus, jotta ne voisivat viestiä tehokkaasti ja osuvasti heidän paikallisissa yhteisöissään elävien kadotettujen kanssa.

Tähän tulisi tietenkin sisältyä muodollista julistamista, kuten evankelioivaa saarnaamista, ulkopuolisille suunnattuja kokouksia, kotikokouksia ja draamallisia esityksiä, mutta myös epävirallista julistamista, kuten katutyötä, vierailuja kodeissa, väittelyitä, kysymyksiä ja niin edelleen.

Kaikkein tärkein osa jokaisen seurakunnan julistustyötä on kuitenkin tavallisten uskovien henkilökohtainen todistus, jota he kertovat puutarhansa aitojen yli ja kerrostalojen käytävillä. Seurakunnan evankelioiva kokous ei pysty saarnaamaan käännynnäisille, jos seurakunnan jäsenet eivät ole aidosti

Seurakunnan evankeliointityö

maailmassa tavoittamassa kadotettuja, ystävystymässä kärsivien kanssa, puhumassa Jeesuksesta ja osoittamassa hyvää sanomaa todeksi ja jos he eivät elä aidosti maailmassa ylitsevuotavan täynnä Jumalan elämää.

2. Todeksi osoittaminen

Kirjassa *Palveleminen Hengessä* käsitellään kattavasti sitä, kuinka koko seurakunta on kutsuttu osoittamaan evankeliumi todeksi tunnusteoin ja ihmein. Siinä esimerkiksi selvitetään melko yksityiskohtaisesti, että:

◆ kuka tahansa uskova voi palvella

◆ me kaikki palvelemme alhaisina, nöyrinä palvelijoina

◆ palveleminen on erillistä hengellistä toimintaa

◆ johtajien tulisi varustaa kaikki jäsenet palvelemaan

◆ profeetallinen palvelutyö on palvelemisen perusta

◆ meidän täytyy olla Pyhän Hengen opetuslapseuttamia, olla riippuvaisia hänen voitelustaan, erottaa hänen asialistansa ja näyttää toteen hänen lahjansa

◆ me voimme oppia toimimaan yhdessä Jeesuksen kanssa hänen parantamistoiminnassaan

◆ me voimme oppia käyttämään Jeesuksen arvovaltaa ja ajaa ulos riivaajia

◆ me voimme oppia puhumaan profeetallisella arvovallalla ja muuttaa näin tilanteita voideltujen siunauksen tai tuomion sanojen kautta

◆ me voimme oppia välittämään Jumalan neuvoja ja lohdutusta ihmisille.

Parantamis- ja vapauttamistoiminta ovat läpi evankeliumien ja Apostolien tekojen olennainen osa seurakunnan evankeliointityötä. Jeesuksen ihmeet paljastivat jo itsessään Jumalan myötätunnon ja voiman, mutta ne myös vahvistivat sen, mitä Jeesus julisti. Jeesuksen teot havainnollistivat hänen

Kadotettujen tavoittaminen

julistustaan. Ne osoittivat, että Jumalan valtakunta oli tullut tavallisten ihmisten keskelle suuressa voimassa ja että se oli täysin avoinna kaikille.

Sen lisäksi että Jeesus itse palveli ihmisiä, hän myös koulutti ja lähetti opetuslapset ja apostolit julistamaan Jumalan valtakuntaa *ja* parantamaan sairaat *ja* vapauttamaan ihmiset riivaajien vallasta. Nämä kulkivat pareittain kylästä kylään ja palvelivat kohtaamiaan ihmisiä – julistamalla hyvää sanomaa *ja* tuomalla Jumalan parantavaa voimaa *ja* vapauttamalla ihmisiä pahan otteesta.

Alkuseurakunta ei erottanut näitä kutsumuksia toisistaan. Se julisti, ja se paransi ja se ajoi ulos riivaajia. Kun joku parani tai vapautui, hänelle annettiin sanallinen selitys, joka ohjasi Jeesuksen luo. Meidän täytyy rukoilla ja työskennellä kovasti tämän mallin uudelleen juurruttamiseksi nykyajan seurakuntiin.

3. Lihaksi tuleminen

Tiedämme, että Jeesus eli tavallisten kärsivien ihmisten keskellä tavalla, joka osoitti, että Jumala hyväksyi heidät ja rakasti heitä. Hänen parantamistoimintansa vahvisti sen hyvän sanoman, jota hän opetti valtakunnasta. Lisäksi se osoitti todeksi sen jumalallisen rakkauden, josta osoituksena oli se, että hän eli heidän keskellään.

Jeesus kulki *ptochoi*-ihmisten joukossa julistaakseen evankeliumia ja osoittaakseen sen todeksi. Hän ei tullut taivaasta kaikella sillä kirkkaudella ja niiden julkisten suosionosoitusten saattelemina, joihin hän Jumalana olisi ollut oikeutettu. Sen sijaan hän samastui ihmiskuntaan elämällä tavallisena miehenä ja kohtaamalla kaikki samat paineet kuin kaikki muutkin. Sana tuli lihaksi. Evankeliumia elettiin. Tämä osoitti, että hyvä sanoma päti stressaavan inhimillisen olemassaolon kaikkiin tavanomaisiin yksityiskohtiin.

Jeesus eli tavalla, johon kärsivät ihmiset pystyivät samastumaan, ja hän oli aina heidän saatavillaan. Hän jopa ystävystyi – ilman minkäänlaista ylemmyyden osoittamista –

Seurakunnan evankeliointityö

niiden kanssa, jotka senaikainen yhteiskunta oli hylännyt. Tämän vuoksi ei paikallisseurakuntien tekemää evankeliointityötä voida nykyäänkään täysin irrottaa tästä asiayhteydestä, jota voitaisiin kuvata "evankeliumin elämiseksi kärsivien keskellä", ilman, että sanoma sen myötä jollakin tavoin vääristyisi.

Paikallisseurakuntien tekemä evankeliointityö tulisi sitä vastoin asettaa yhteisöllisen elämäntyylin asiayhteyteen. Tällainen elämäntyyli helpottaa evankeliumin julistamista, sillä se varmistaa, että koko seurakuntaelämä keskittyy kärsiviin ja on heidän tarpeensa huomioon ottavaa ja heidän saatavillaan.

Aivan kuten Jeesuskin tuli lihaksi tulemalla ihmisolennoksi ja toimimalla tietyn kulttuurin puitteissa, myös meidän täytyy muuttaa evankeliumi lihaksi omassa kulttuurissamme. Tämä tarkoittaa, että tinkimätön evankeliumin sanoma täytyy kääntää sellaisille sanoille ja kuville, joita meidän kulttuurissamme ymmärretään, ja myöskin että meidän täytyy elää evankeliumin sanoma todeksi omassa kulttuurissamme. Pohjimmiltaan tässä on kyse siitä, että otamme osaa yhteiskuntaan ja että yhteiskunta muuttuu ja tulee lunastetuksi. Tätä tapahtuu niin osana itse evankeliointia (sen myötä, että evankeliumi saa asioita aikaan yhteiskunnassa) kuin myös osana sitä, että valmistamme yhteiskuntaa vastaanottamaan evankeliumin. Kun me kristityt alamme ottaa osaa politiikkaan, taiteisiin, koulutukseen, talouselämään ja muihin vaikutusvaltaisiin aloihin, pääsemme määrittämään suuntauksia, joiden kautta voimme valmistella ihmisiä vastaanottamaan evankeliumin – mutta lisäksi pääsemme myös todella tuomaan evankeliumin niille "markkinapaikoille", joilla ihmiset ovat.

Käytännöllisiä huolenaiheita
Jos paikallisseurakunta haluaa tehokkaan raamatullisen evankelioinnin olevan sille tunnusomaista, sen täytyy ratkaista joukko käytännöllisiä ongelmia. Vaikka yleiset hengelliset periaatteet voivatkin ohjata meitä, tarvitsemme myös erityistä Hengen johdatusta, jotta tietäisimme, mitkä ovat parhaat tavat toimia tietyissä tilanteissa.

Kadotettujen tavoittaminen

Liikkeelle lähettäminen

Evankelioinnissa, kuten kaikilla seurakuntaelämän osa-alueilla, on johtajien jumalallisesti voideltu tehtävä valtuuttaa ja varustaa kaikki jäsenet tekemään Jeesuksen Kristuksen työtä. Koko maanpäällinen seurakunta on Kristuksen ruumis maan päällä, mikä tarkoittaa, että Kristuksen tahto ja palvelutyö täytyy toteuttaa hänen koko ruumiinsa kautta. Jos *kaikkia* paikallisseurakunnan jäseniä ei lähetetä ja valtuuteta evankelioimaan, tuon paikkakunnan kadotettuja ei mitenkään kyetä tavoittamaan.

Suuren ihmisjoukon liikkeelle lähettäminen vaatii usein radikaalin muutoksen – erityisesti sellaisissa seurakunnissa, joissa uskotaan, että papin vastuulla on tehdä kaikki. Kokemus kuitenkin osoittaa, että uskovat voidaan saada liikkeelle. Siihen tarvitaan rukousta, opetusta, rohkaisua ja esimerkin näyttämistä. Sitä ei kuitenkaan voi tapahtua, jos johtajat eivät delegoi – ja he tekevät sitä vain, jos he ovat ensin ymmärtäneet, että heidän ensisijainen kutsumuksensa ja vastuunsa on varustaa seurakuntansa jäseniä palveluksen työhön.

Suuren ihmisjoukon liikkeelle lähettäminen evankelioimaan vaatii suunnittelua ja rohkaisemista. Jäsenille täytyy antaa tietyt, merkitykselliset tehtävät. Heitä täytyy kouluttaa ja valvoa, arvioida ja rohkaista – ja sitten heille täytyy antaa edellistä suurempia vastuita. Täytyy olla suunnittelua *ja* kumppanuutta. Tätä juuri ovat Efesolaiskirjeen jakeet 4:11–12 käytännössä.

Rakennukset

Jokaisen seurakunnan täytyy kokoontua jossakin. Tuo paikka voi olla koti, vuokrattu sali tai rakennus, joka on ollut rukouksen huone jo vuosisatojen ajan. Jos paikallisseurakunta haluaa tavoittaa kadotettuja pikemmin kuin pelastettuja, sen täytyy todella pohtia, missä sen kannattaa pitää evankelioivia kokouksiaan.

Jotkut perinteiset kirkkorakennukset eivät enää ole sellaisia, joihin suuren yleisön olisi mahdollista tulla. Jos kadotettujen

Seurakunnan evankeliointityö

ei ole helppo päästä johonkin rakennukseen tai jos he eivät tiedä, missä tuo rakennus on, he eivät tule. Jos vain autollisten ihmisten on mahdollista päästä jonkin rakennuksen luo, vanhukset ja köyhät suljetaan pois.

Useimmat läntisen Euroopan ei-kristityt ihmiset yhdistävät sanan "kirkko" tietyntyyppiseen rakennukseen, mutta uusien seurakuntien täytyy useimmiten kokoontua kouluissa, julkisissa saleissa, hotelleissa tai muissa vastaavissa. Näiden seurakuntien täytyy varoa näyttämästä joltakin oudolta kultilta ja varmistua siitä, että heidän kylttinsä ja mainoksensa kertovat selvästi heidän olevan aidosti kristillinen ryhmä.

Jos vain mahdollista, käyttämiemme rakennusten tulisi olla hyvin lämmitettyjä talviaikaan ja hyvin ilmastoituja kesäaikaan. Niissä tulisi olla hyvä valaistus ja mukavat istuimet. Ei-kristityt ihmiset haluavat käydä kauniissa paikoissa, joten meidän tulisi tehdä käyttämistämme tiloista mahdollisimman houkuttelevia.

Joissakin seurakunnissa käytetään piirtoheitintä ja valkokangasta, jolloin vanhukset eivät kykene lukemaan tekstiä eikä se näy takana istuville ihmisille tai aurinkoisina päivinä ylipäätään kellekään! Toisissa taas käytetään niin monia kirjoja ja vihkosia, etteivät ulkopuoliset koskaan ole selvillä siitä, millä sivulla ollaan menossa. Tämänkaltaiset yksityiskohdat ovat tärkeitä. Jos todella haluamme tavoittaa kadotettuja, meidän on syytä pyrkiä selvittämään, miltä näytämme paikkakuntamme ihmisten silmissä – ja ottaa askeleita mahdollisten ongelmien korjaamiseksi.

Evankelioivat kokoukset
Seurakuntien tulee huolehtia kaikista yksityiskohdista kokouksissaan – erityisesti niissä kokouksissa, jotka on tarkoitettu kadotetuille. Meidän täytyy valmistella huolellisesti kokouksien jokainen osa-alue ja luottaa siihen, että Pyhä Henki on jo etukäteen innoittanut meitä.

Meidän täytyy rukoilla Jumalan johdatusta ja siunausta jo hyvissä ajoin etukäteen. Viime hetken rukoukset eivät yksinään

Kadotettujen tavoittaminen

todellakaan riitä. Tästä huolimatta meidän tulisi tietenkin aina olla myös valmiita säätämään suunnitelmiamme viime hetkellä, jos on selvää, että Jumala haluaa meidän sittenkin tekevän tai puhuvan jotakin muuta.

Meidän tulisi toivottaa vieraat ystävällisesti tervetulleiksi ja saada heidät nopeasti tuntemaan olonsa kotoisaksi – emme siis saa sivuuttaa heitä mutta emme myöskään kohdistaa liian suurta huomiota heihin. Voi olla hyvä antaa heille jotakin, josta he voivat lukea kokouksen ohjelman ja joitakin tietoja seurakunnastamme. Jos tahdomme aidosti tavoittaa heidät, otamme heihin uudelleen yhteyttä seuraavan viikon aikana.

Minkään kokouksen ei pidä alkaa myöhässä, sisältää liian monia eri asioita tai kestää liian kauan. Monissa seurakunnissa on taipumuksena, että saarna tai ylistys kestävät liian pitkään, mikä saattaa olla luotaantyöntävää ei-kristityille. On paljon parempi viettää yhden tunnin kestävä korkealaatuinen kokous – joka jättää ihmiset kaipaamaan lisää – kuin kaksi tuntia kestävä jäsentämätön sekamelska, joka tuntuu ihmisistä uuvuttavalta tai väsyttävältä.

Kokouksen tyylin tulisi sopia yhteen kokouksen paikan kanssa, olla kulttuurillisesti sopiva kokoukseen osallistujille sekä mukaansa ottava. Monissa kokouksissa käytetään aivan liikaa sellaisia sanoja tai ilmauksia, joita ei-kristityt eivät ymmärrä – tai jotka tuntuvat heistä jopa täysin kummallisilta. Meidän tulee aina pyrkiä varmistumaan siitä, että käytämme kieltä, joka on ensi kertaa seurakunnassamme olevien henkilöiden mielestä yksinkertaista, selkeää, ymmärrettävää ja järkevää.

Kokouksen musiikki heijastaa väistämättä seurakuntalaisten etnistä ja kulttuurillista taustaa, mutta kaikissa kokouksissa tulisi olla myös "kirkkomaista" musiikkia, sillä ei-kristityt tunteva olonsa mukavammiksi, jos musiikin joukossa on virsiä tai lauluja, joita he tuntevat lapsuudestaan.

Riippumatta siitä, minkä tyylinen kokous on kyseessä, meidän täytyy toistuvasti selittää ensikertalaisille, miksi

Seurakunnan evankeliointityö

teemme tiettyjä erikoisuuksia. Esimerkiksi käsien nostaminen, kielillä rukoilu ja "hallelujan" huutaminen voivat olla kulttuurillisesti vieraannuttavia seikkoja. Yksinkertainen, lyhyt selitys voi kuitenkin jo riittää rikkomaan tällaiset muurit.

Meidän tulee pyrkiä luomaan rento ilmapiiri kokouksiimme mutta samalla varmistua siitä, että kaikki on hyvin jäsenneltyä. Kaikki, mitä kokouksessa tapahtuu – rukoukset, ilmoitukset, laulut, todistukset, raamatunkohtien lukemiset jne. – täytyy tehdä erinomaisesti mutta ei kliinisen täydellisesti.

Evankelioivien saarnojen tulee olla selkeitä, osuvia ja yksinkertaisia, *eivätkä ne saa kestää liian pitkään*! Meidän tulisi ottaa oppia Jeesukselta. Hän osoitti kukkia ja puhui asioista, joita maatalousyhteiskunnan ihmiset ymmärsivät. Meidän tulee olla aivan yhtä ymmärrettäviä omassa ajassamme ja kulttuurissamme.

Kaikista tärkein asia, joka kokouksessa voi olla, on tietenkin Jumalan läsnäolo. Ei-uskova voi kävellä huoneeseen, joka on kylmä, ankea ja huonosti varusteltu, mutta tulla Jumalan läsnäolon koskettamaksi. Kyse ei ole siitä, etteikö edellä mainituilla asioilla olisi merkitystä, vaan yksinkertaisesti siitä, että meillä voi olla kauniit matot ja huippulaitteet, mutta meiltä saattaa silti puuttua Jumalan voima.

Evankelioivat ihmissuhteet
Seurakunnan yhteisöllinen elämä paljastaa evankeliumin aivan yhtä todellisesti kuin mukaansatempaava saarna tai mahtava parantuminen. Paikallisseurakunnat voivat alkaa rakentaa evankelioivassa mielessä houkuttelevia ihmissuhteita tarjoamalla erilaisia toimintoja, joiden avulla ihmisten on helpompi pitää yhteyttä toisiinsa ja ei-uskoviin myös yhteisten kokousten ulkopuolella.

Kuinka paljon jäseniä seurakunnassa sitten onkaan, sen tulisi tarjota ihmisille erilaisia mahdollisuuksia, joissa nämä voivat rakentaa ihmissuhteita. Esimerkiksi keskellä viikkoa kodeissa kokoontuvat solut/pienryhmät eivät aina houkuttele miehiä: meidän tulisi ymmärtää, että naiset viihtyvät usein

Kadotettujen tavoittaminen

toistensa kodeissa mutta että useimmat pelastumattomat miehet tapaisivat mieluummin jossakin ravintolassa, hotellissa tai liikuntapaikassa.

Jokainen seurakunta tarvitsee vaihtuvan ja moninaisen joukon pienryhmiä, tavoitteellisia toimintoja, liikunnallisia toimintoja ja ryhmiä, joilla on jokin tietty mielenkiinnon kohde – siis erilaisia mahdollisuuksia *mukaan ottavaan* kanssakäymiseen. Aivan kuten kaikki muukin, tämä vaatii luovaa ajattelua, jatkuvaa rohkaisemista ja järkevää suunnittelua. Niillä seurakunnilla, jotka ovat järjestäytyneet soluihin – kuten kirjassa *Jumalan kirkkaus seurakunnassa* esitellään – on jo valmiiksi loistava tilanne tällaisten mahdollisuuksien luomiseen.

Meidän täytyy muistaa, että seurakunta paljastaa Jumalan suuren rakkauden ihmisiä kohtaan yhteisöllisten suhteidensa kautta. Seurakunnassa on ennen kaikkea kyse siitä, että Jumala rakastaa ihmisiä, minkä vuoksi seurakunnan hyvät ihmissuhteet paljastavatkin kadotetuille, mitä risti on käytännössä saanut aikaan. Näitä asioita ovat esimerkiksi anteeksianto ja sovitus.

Ihmisolennot ovat ainutlaatuisia. He ovat arvaamattomia, väittelynhaluisia ja epätäydellisiä, mutta he ovat myös hauskoja, rakastettavia ja ainutlaatuisen arvokkaita. He ovat täynnä jumalallista potentiaalia – jokainen heistä merkitsee enemmän kuin mikään projekti, rakennus tai kokous. Meidän tulee rakastaa heitä ilman mitään ehtoja tai ennakkoedellytyksiä.

Tietysti he saattavat satuttaa meitä ja pettää meidät, aivan kuten mekin saatamme vahingoittaa heitä ja saada heidät pettymään. Mutta jos annamme, he voivat siunata meitä, rakentaa seurakuntaa ja tavoittaa kadotettuja. Jos Jeesus kerran todella kuoli heidän puolestaan, heidän täytyy olla jokaisen tekemämme uhrauksen arvoisia – ja monien muidenkin.

Elämme yhteiskunnassa, joka jatkuvasti aliarvostaa ihmisiä. Se eristää meitä sosiaalisesti. Se vie meiltä ihmisyytemme. Se saa meidät tuntemaan itsemme merkityksettömiksi,

Seurakunnan evankeliointityö

mitättömiksi ja turhiksi. Me kaikki tunnemme olomme paljon paremmiksi, kun meitä kohdellaan kunnioittaen ja arvostaen. Seurakunnan ihmissuhteiden laadukkuuden tulisikin toimia – tässä kärsivässä yhteiskunnassa – voimakkaan magneetin tavoin ja vetää kärsiviä ihmisiä takaisin Jumalan parantavan rakkauden luo.

Rohkaisu
Seurakunnat, jotka menestyvät ihmisten tavoittamisessa, ovat usein täynnä rohkaisemista. Tämän ei tulisi yllättää meitä, sillä rohkaiseminenhan on Pyhän Hengen ydinominaisuus. Itse asiassa kreikan kielen rohkaisemista tarkoittava sana *paraklesis* on yksi sen sanan muodoista, jota Jeesus käytti Johanneksen evankeliumin jakeessa 16:7 esitelläkseen Hengen auttajana, puolustajana, lohduttajana ja *rohkaisijana*.

Rohkaiseminen on sitä, että menemme ihmisten vierelle täysin samalla tavalla kuin Jeesuskin meni – ja kuten Henkikin menee. Se on sitä, että kehotamme ihmisiä hellästi mutta sinnikkäästi menemään elämässään eteenpäin Jumalan kanssa.

Apostolien tekojen jae 4:36 osoittaa, kuinka Kyproksesta kotoisin oleva Joosef sai "lempinimen" Barnabas, koska hän oli niin innokas rohkaisija. Apostolien tekojen jakeessa 11:24 kerrotaan, että Barnabas oli "täynnä Pyhää Henkeä", ja Apostolien tekojen jakeet 9:26–28, 11:19–26 ja 12:25–13:5 paljastavat, kuinka hän kulki ihmisten vierellä rohkaistakseen heitä, kouluttaakseen heitä ja valtuuttaakseen heitä evankelioimaan.

Jos jokin paikallisseurakunta sanoo olevansa täynnä Henkeä, *Parakletosta*, siitä seuraa, että *paraklesiksen* tulisi olla sille tunnusomaista. Ja jos jokin seurakunta antaa *Parakletokselle* erityisen sijan ja kunnian, rohkaisemisen tulisi olla tuon seurakunnan kaikista tunnusomaisin piirre. Jos siis välitämme ihmisistä niin kuin Henki heistä välittää, vahvistamme heitä, rakennamme heitä ja teemme kaiken voitavamme saadaksemme tavoitettua heidät, toivotettua

Kadotettujen tavoittaminen

heidät tervetulleiksi, koulutettua heidät ja valtuutettua heidät evankelioimaan.

Jotkut johtajat tuntuvat ajattelevan, että heidän seurakuntansa evankelioisi tehokkaammin, jos vain seurakunnan jäsenet olisivat sitoutuneempia. Heistä ongelma on nimenomaan ihmisten sitoutumattomuus. He sanovat seurakuntalaisilleen aina, että nämä eivät rukoile tarpeeksi, todista tarpeeksi, anna tarpeeksi ja niin edelleen. Jumalallemme tunnusomaista on kuitenkin armo, ei tuomitseminen.

Emme saa painostaa ihmisiä liikaa tai liian nopeasti tai heistä tulee katkeria. Meidän tulee sen sijaan antaa heidän kulkea omaa tahtiaan – meidän tulee olla kärsivällisiä ja toimia hitaasti mutta sinnikkäästi. Meidän tulee pitää mielessä, kuinka kärsivällinen Jumala on aina meitä kohtaan – kuinka kauan hän on jaksanut kummallisia toimintatapojamme ja ajatuksiamme, kuinka kauan hän on sietänyt vikojamme ja haitallisia tapojamme. Meidän ei pidä odottaa, että ihmiset muuttuisivat yhtään sen nopeammin kuin itsekään olemme muuttuneet!

Meidän tulisi sen sijaan muistaa Johanneksen evankeliumin jakeen 17:21 suuri evankelinen totuus ja pyytää Jumalaa täyttämään meitä hänen rakkaudellaan, hänen kärsivällisyydellään ja hänen sinnikkyydellään. Sillä loppujen lopuksi juuri ihmissuhteidemme laatu – rakkautemme syvyys toinen toistamme kohtaan – on se seikka, joka saa *kosmoksen* vakuuttumaan Jeesusta koskevasta totuudesta.

Osa 7

Evankeliointi ja opetuslapseus

Lähetyskäskyä (Matt. 28:18-20) käytetään usein oikeuttamaan monenlaisia eri evankelioivia toimintoja. Se ei kuitenkaan ollut jumalallinen käsky saarnata "evankeliumi"-saarnoja ja tehdä nopeita käännynnäisiä, se oli käsky tehdä sitoutuneita opetuslapsia.

Edellä havaittiin, että Jeesuksen evankeliumin sanoma oli valtakunta, Jumalan henkilökohtainen hallintavalta. Jeesuksen julistuksessa kutsu opetuslapseuteen ei siis seurannut kutsua tulla Kristuksen luo, vaan kutsu tulla Kristuksen luo oli pikemminkin itsessään jo kutsu opetuslapseuteen. Ne molemmat sisältyivät sanoihin "seuraa minua", ne eivät olleet "toisiaan seuraavia kutsuja". Tämä osoittaa, että opetuslapseus on olennainen ja erottamaton osa raamatullista evankeliointia, ei siihen jälkikäteen liittyvä valinnainen lisäys.

Uusi testamentti sisältää muutamia kohtia - kuten kohdat 1. Kor. 1:1-2 ja Hepr. 5:12-14 - jotka on tarkoitettu opetuslapsille, jotka ovat vielä "vauvoja Kristuksessa". Tästä voidaan päätellä, että evankeliointi, joka ei sisällä syvällistä opetuslapseutta, ei ole vain nykyaikainen ilmiö!

Jeesusta vaivasi usein se, kuinka hitaasti hänen opetuslapsensa ymmärsivät asioita, kuinka nopeita he olivat riitelemään ja kuinka heikkoja he olivat uskossaan. Tästä huolimatta hän oli sitoutunut auttamaan heitä kasvamaan opetuslapsina ja oppimaan tunnistamaan Jumalan henkilökohtaista hallintavaltaa ja luottamaan siihen.

Uudessa testamentissa kerrotaan apostoli Paavalin päättäväisyydestä rakentaa seurakuntia, jotka pysyisivät järkähtämättöminä kaiken vastustuksen edessä. Sellaiset kohdat kuin esimerkiksi Ap. t. 20:20,31; Kol. 1:28-29 ja 1. Tess.

Kadotettujen tavoittaminen

2:7–12 todistavat, että opetuslapseus oli perustavanlaatuinen osa hänen evankelioivaa palvelutyötään. Voitaisiinkin itse asiassa melkeinpä sanoa, että Paavalille evankeliointi ei ollut päätöksessä, ennen kuin Efesolaiskirjeen jakeiden 4:12–13 asiat olivat hyvää vauhtia toteutumassa.

Ensimmäiset askeleet

Uusi suhde alkaa aina siitä, kun joku alkaa luottaa ja turvata Jeesukseen. Jokaisen uuden vauvakristityn vilpittömän toiveen tulisi olla tehdä Jeesuksesta elämänsä jokaisen osa-alueen hallitsija. Jos ihminen on kuullut uutisen, että Jeesus on *ihannekuningas*, jota jokainen tarvitsee, tulisi siitä seurata, että hän alkaa tutkia Jumalan Sanaa säännöllisesti, jotta hän voisi alkaa ymmärtää niitä periaatteita, joiden pohjalta elää elämäänsä.

Jokainen uusi käännynnäinen on toivottavasti kuullut myös sanoman siitä, että pelastus on Jumalan lahja ja etteivät syntiset voi itse tehdä mitään itsensä pelastamiseksi. Kun käännynnäiset ymmärtävät tämän, siitä tulisi seurata, että he lakkaavat yrittämästä hyvittää syntejään ja vikojaan ja alkavat hyväksyä sitä, että heidän uusi suhteensa *Pelastajan* kanssa perustuu siihen armoon, jota hän osoittaa sellaisia ihmisiä kohtaan, jotka eivät milloinkaan kykenisi ansaitsemaan hänen mielisuosiotaan.

Jos uudet kristityt ovat kuulleet täyden evankeliumin, siitä tulisi seurata, että he alkavat rakentaa henkilökohtaista suhdetta uuden *Ystävänsä* kanssa, jota koeteltiin kaikilla mahdollisilla tavoilla mutta joka ei langennut syntiin. Opetuslapset, jotka hoitavat tätä ystävyyttä, saavat huomata, että Jeesus ymmärtää heidän kokemuksiaan, koska hän on – periaatteessa – käynyt ne kaikki läpi itsekin.

Ja jos sanansaattajat ovat aidosti julistaneet kuninkaan sanoman – jättämättä siitä mitään pois, muuttamatta sitä mitenkään tai lisäämättä siihen mitään – siitä tulisi seurata, että uudet uskovat alkavat ylistää todellista *Jumalaa*. Ei sellaista Jumalaa, joka on heidän oman mielikuvituksensa tuotosta,

Evankeliointi ja opetuslapseus

vaan Jumalaa, joka on totuus, kaiken elämän lähde ja rakkaus. Monia vauvakristittyjä ei valitettavasti auteta sellaisella tavalla kuin heitä pitäisi auttaa ja he myös valitettavasti kuulevat epätäydellisen evankeliumin. Jumala rakastaa näitä paljosta paitsi jääneitä ihmisiä ja haluaa johdattaa heidät hyvän sanoma täyteyteen. Sillä välin hän kuitenkin odottaa meidän johdattavan ihmisiä hänen valtakuntansa täyteen valoon ja siihen täyteen vapauteen, joka kuuluu oikeutetusti kaikille hänen pojilleen ja tyttärilleen. Hän odottaa meidän tekevän todellisia opetuslapsia.

Evankeliumin kuuliaisuus
Kirjassa *Isän tunteminen* havaitaan, että Jumala kutsuu opetuslapsiaan hyväksymään henkilökohtaisen hallintavaltansa ja sitoutumaan elämään evankeliumin kuuliaisuudessa: tämä on opetuslapseuden ensimmäinen ja kaikista perustavanlaatuisin askel.

Evankeliumin kuuliaisuus ei ole lakiin sidottua kuuliaisuutta noudattaa joukkoa sääntöjä. Se on kurinalaista, henkilökohtaista, meille annettua kykyä olla hetki hetkeltä kuuliainen itse Isälle. Eläminen Isän armossa on elämistä hänen tahdossaan: ja juuri tämä on meidän evankeliumin kuuliaisuuttamme, joka pitää meidät lähellä häntä – ja hänen voimaansa, suojeluansa, huolenpitoansa ja niin edelleen.

Tämän johdosta evankeliumin kuuliaisuus on vapauttavaa eikä rajoittavaa, sillä se auttaa meitä elämään Jumalan tahdon mukaan, joka aina haluaa meidän vapauttamme, eheyttämme ja siunaamistamme. "Juuri tämänkaltainen" kuuliaisuus on tietenkin mahdollista vain, kun alamme tuntea Isää henkilökohtaisesti, tunnistaa hänen ääntään ja ymmärtää hänen ajatteluaan. Tätä tarkastellaan kirjassa *Jumalan tunteminen*.

Raamattu esittelee Jumalan ja tarjoaa perusohjeita kaikille elämän osa-alueille. Opetuslasten täytyy opiskella koko Raamattua, jotta he voisivat ymmärtää, mitä Jumala itsestään ilmoittaa – ja kuinka hän haluaa heidän elävän.

Kadotettujen tavoittaminen

Ei itsensä vanhurskauttamista
Hengellinen vastine sille, että ihminen alkaa totella Jumalaa, on se, että hän lakkaa pyrkimästä itse tekemään itsestään vanhurskaan. Uusia opetuslapsia täytyy rohkaista myöntämään Jumalalle, toisilleen ja itselleen, että he ovat kurjia syntisiä, joiden ainoa toivo on turvata täysin Jeesukseen heidän henkilökohtaisena Pelastajanaan.

Todelliset opetuslapset eivät pyri itse tekemään itsestään vanhurskaita tai hyvittämään syntejään hyvällä käytöksellä, uskonnollisella omistautumisella tai olemalla kuuliaisia Jumalan käskyille. Sen sijaan he tottelevat Jumalaa henkilökohtaisesti, kiitollisina anteeksiannon lahjasta, jonka he ovat jo saaneet avata – eivät hyödyttömillä pyrkimyksillä ansaita anteeksiantoa.

Vaeltaminen Hengessä
Kolmas opetuslapseuden perusaskel on oppiminen vaeltamaan Hengessä. Uusia opetuslapsia täytyy opettaa antamaan Hengen elää elämäänsä heidän kauttaan, antamaan hänen tehdä heistä enemmän Jeesuksen kaltaisia ja oppimaan häneltä, miten heidän tulee soveltaa Jumalan Sanan periaatteita kaikkiin kohtaamiinsa tilanteisiin.

Todelliset opetuslapset eivät yritä yhä kovemmin omassa voimassaan olla hyviä, sillä se on ajanhukkaa. Sen sijaan he turvaavat tietoisesti siihen, että Henki tekee hyvää heidän kauttaan. He antavat hänen kasvattaa hedelmäänsä heidän elämässään ja kasvavat vähitellen kohti täydellisyyttä sen seurauksena, että he turvautuvat häneen. Tätä tarkastellaan kirjassa *Hengen tunteminen*.

Ylistäminen
Viimeinen perusaskel on ylistämään oppiminen. Uusia opetuslapsia täytyy opettaa ilmaisemaan rakkauttaan Jumalaa kohtaan. He tekevät tätä paitsi laulamalla ylistystä, myös kehittämällä taitojaan ja tekemällä kaikkia jokapäiväisiä askareitaan parhaalla mahdollisella tavalla ja antamalla nuo

Evankeliointi ja opetuslapseus

asiat tuoksuvana uhrina Jumalalle. Tätä tutkitaan *Hengen miekka* -kirjasarjan osassa *Palvonta Hengessä ja totuudessa*.

Kaikkien opetuslasten täytyy oppia, kuinka luoda sellaisia tilanteita elämiinsä, joissa he voivat ylistää Jumalaa läheisemmin ja täyttyä hänen antamillaan asioilla ja hänen valollaan – jotta he voisivat loistaa maailmassa *hänen* valoaan ja rakkauttaan.

Voitaisiin itse asiassa sanoa, että opetuslapset ovat hieman kuin kuu, joka itsessään on melko kuollut mutta joka loistaa pimeydessä auringosta heijastuvaa valoa. Kuu pimenee, kun maapallo tulee auringon ja kuun väliin, ja opetuslapsissa on hengellistä pimeyttä, kun maailma pääsee heidän ja Jumalan väliin.

Aurinko taas pimenee, kun kuu pääsee auringon ja maapallon väliin, ja tällaista samankaltaista hengellistä pimeyttä on maan päällä, kun opetuslapset nousevat itse parrasvaloihin ja estävät Jeesuksesta lähtevää valoa pääsemästä maailmaan – kun he vetävät huomion itseensä pikemmin kuin heijastavat hänen kirkkauttaan.

Antautunut Jumalalle

Kirjassa *Pojan tunteminen* havaitaan, että yksi Jeesuksen elämän silmiinpistävimmistä piirteistä oli hänen antautuneisuutensa Jumalalle ja että se oli hänen arvovaltansa tärkein salaisuus. Tämä antautuneisuus voidaan havaita esimerkiksi kohdissa Matt. 26:39 ja 1. Kor. 15:28. Tästä seuraa, että niiden opetuslasten, jotka haluavat toimia samalla arvovallalla kuin Jeesus, täytyy ensin oppia asettamaan itsensä Jumalan arvovallan alle: *meidän täytyy olla, mitä Jeesus oli, jotta voisimme tehdä, mitä Jeesus teki*. Jaakobin kirjeen jae 4:7 muistuttaa meitä siitä, että kyky vastustaa paholaista ja toimia hengellisellä arvovallalla annetaan niille, jotka antautuvat Jumalalle (tai ovat Jumalalle alamaiset v. 1938 käännöksen mukaan, suom. huom.).

Samankaltainen periaate pätee myös palvelemiseen. Jeesus oli täysin omistautunut tekemään Isän tahdon palvelemalla niitä ihmisiä, joiden keskuuteen hänet oli laitettu ja joita varten

Kadotettujen tavoittaminen

hänet oli lähetetty. Kun hän teki näin, hän sai kaikki jumalalliset keinot, joita hän tarvitsi tehtävänsä suorittamiseen. Sama on totta vielä nykyäänkin. Niiden opetuslasten, jotka haluavat palvella kuten Jeesus palveli, täytyy ensin alistua Jumalan tahtoon sosiologisessa ja maantieteellisessä ympäristössään. Heidän täytyy aloittaa palvelemalla niitä ihmisiä, jotka ovat luonnostaan heidän ympärillään, ja tämän jälkeen he voivat siirtyä palvelemaan niitä ihmisiä, joita palvelemaan Jumala heidät selkeästi lähettää. Meidän täytyy muistaa, että emme itse valitse, missä ja ketä tahdomme palvella!

Evankeliumit esittävät Jeesuksen tehokkaana miesten ja naisten johtajana: hän kutsui ihmisiä seuraamaan itseään ja nämä mielellään tottelivat häntä. Jeesuksen täydellinen antautuneisuus Pyhälle Hengelle oli hänen toimivan johtajuutensa salaisuus, ja sama pätee myös meihin. Niiden opetuslasten, jotka haluavat olla tehokkaita johtajia tai erinomaisia esimerkkejä, täytyy ensin oppia kuuntelemaan ja noudattamaan Pyhän Hengen kehotuksia.

Esimerkkinä voitaisiin mainita, että Jeesus voideltiin Hengellä ennen niitä suuria ihmeitä, jotka paljastivat hänen kirkkautensa, ja sen jälkeen, kun hän oli saanut Hengen, hän rukoili ja odotti autiomaassa ennen palvelutyönsä aloittamista.

Apostolit toimivat tämän saman mallin mukaan. Jeesus puhalsi heihin Hengen, mutta heidän täytyi sen jälkeen odottaa Jerusalemissa siihen asti, kunnes heidät oli täytetty ylhäältä tulevalla voimalla. Samalla tavalla myös niiden nykyuskovien, jotka haluavat jakaa Jumalan elämää ja loistaa hänen kirkkauttaan, täytyy alistua tähän Jumalan malliin: vastaanottaa Henki ja sen jälkeen kärsivällisesti odottaa Jumalan oikeaa aikaa, ennen kuin voivat palvella voimassa.

Antautunut ihmisille
Jeesuksen antautuneisuus muille ihmisille on ehkäpä hänen elämänsä kaikkein odottamattomin piirre. Osoittamalla

Evankeliointi ja opetuslapseus

todeksi taivaan valtakuntaa Jeesus osoitti opetuslapsilleen, mitä maan kansalaisena oleminen tarkoittaa.

Hän oli siis nöyrästi alamainen vanhemmilleen, serkulleen Johannekselle, viikoittaisille synagogan rukoushetkille, roomalaisille ja juutalaisille verojen keräämisestä vastaaville virkamiehille, ylipapeille, Pilatukselle ja nauloille ristillä.

Juuri tämä, että Jeesus asetti ihmisenä itsensä inhimillisen virkavallan alaisuuteen tällaisella tavalla, oli se seikka, minkä ansiosta hän sai oikeuden itse toimia arvovallalla. Tästä seuraa, että niiden opetuslasten, jotka haluavat elää ja palvella Jeesuksen arvovallalla, täytyy elää kuten hän eli – vapaaehtoisesti toisten arvovallan alla.

Riippuvaisuus

Jeesus oli myös riippuvainen muista ihmisistä. Hän oli riippuvainen vanhemmistaan, serkustaan ja naisista, jotka pitivät hänestä taloudellisesti huolta. Hän hyväksyi niiden palvelukset, jotka seurasivat häntä hänen matkoillaan. Hän yöpyi sellaisten ihmisten luona, jotka halusivat huolehtia hänestä. Hän arvosti opetuslasten ystävyyttä ja kumppanuutta – erityisesti lähimpien kolmen opetuslapsensa. Ja hän tarvitsi Simon Kyreneläisen kantamaan ristiään puolestaan.

Jeesuksen riippuvaisuus muista ihmisistä, kuten myös Isästä ja Hengestä, paljastaa yhden kristillisen palvelemisen perusperiaatteen. Niiden opetuslasten, jotka haluavat antaa, täytyy olla valmiita myös itse ottamaan vastaan. Niiden, jotka haluavat palvella, täytyy pystyä myös itse ottamaan apua vastaan. Ja niiden, jotka haluavat palvella muita, täytyy jatkuvasti olla riippuvaisia muista ja siitä, että muut antavat heille sen tuen ja ne keinot, joita he tarvitsevat.

Tämä tärkeä periaate pätee monilla opetuslapseuden osa-alueilla. Meistä ei voi tulla tehokkaita ihmisten johtajia, ennen kuin olemme oppineet seuraamaan muita miehiä ja naisia. Jopa apostolien täytyy aina pysyä opetuslapsina – he eivät saa koskaan lakata oppimasta, seuraamasta, kuuntelemasta ja ottamasta vastaan muilta ihmisiltä.

Kadotettujen tavoittaminen

Opetuslapset eivät myöskään voi tarjota Jumalan rakkautta maailmalle, elleivät he ole ensin itse vastaanottaneet sitä muiden kristittyjen kautta. Jumala voi kyllä vuodattaa rakkauttaan elämäämme suoraan Hengen kautta, mutta hän yleensä ottaa tähän prosessiin mukaan kumppaniksi jonkun ihmisen. Opetuslapseuteen kuuluu se, että opimme vastaanottamaan Jumalan totuutta ja rakkautta muilta opetuslapsilta, niin että pystymme antamaan niitä myös eteenpäin maailmalle.

Voideltu Hengellä

Jeesus ei taipunut muiden alaisuuteen vain antautumisen takia. Hän taipui muiden alaisuuteen, jotta voisi toimia arvovallalla, palvella uhrautuvasti, johtaa täydellisesti ja paljastaa Jumalan kirkkauden. Pelkkä antautuneisuus ei kuitenkaan riittänyt: Jeesuksen täytyi myös olla voideltu Hengellä.

Sama on totta yhä nykyäänkin. Hengen voitelu annetaan, jotta muiden alaisuuteen taipuneet opetuslapset kykenisivät elämään Jeesuksen tehokkuudella – vaikkakaan kukaan meistä Hengen täyttämistä ihmisistä ei siltikään kykene elämään aina johdonmukaisesti, kuten Jeesus eli.

Kirjassa *Hengen tunteminen* havaitaan, että Jumala täyttää opetuslapset Hengellä useaa eri tarkoitusta varten. Hänen pyhä voitelunsa esimerkiksi varustaa meidät valtakunnan arvovallalla sairauteen ja pahoihin voimiin nähden, se antaa meille voiman julistaa evankeliumia jumalallisella tehokkuudella ja se saa meidät elämään Jeesuksen oman elämän esimerkin mukaista palvelijan elämää.

Kun Jeesus voideltiin Hengellä kasteensa yhteydessä, Jumala korosti Hengen ja uhrautuvan palvelemisen välistä yhteyttä kahdella selvällä tavalla. Hän innoitti Johannesta kutsumaan Jeesusta Jumalan Karitsaksi, ja hän lähetti Hengen kyyhkysen muodossa.

Karitsa antoi ymmärtää, että Jeesus voideltiin olemaan kaikkien aikojen suurin kärsijä. Kyyhkynen viittasi sekä Joonaan (nimi Joona merkitsee "kyyhkynen"), jonka palvelemiseen liittyi

Evankeliointi ja opetuslapseus

suurta kärsimystä, että uhriin (kyyhkynen oli vaihtoehtoinen uhri niille juutalaisille, jotka olivat liian *köyhiä* hankkiakseen karitsan tai vuohen).

Mikä tärkeintä, Jumala voitelee opetuslapset Hengellään auttaakseen heitä elämään elämää, joka kulkee kohti täydellisyyttä, ja tehdäkseen heidät kykeneviksi ymmärtämään ihmisiä Kristuksen ymmärryksellä ja myötätunnolla.

Henki on *parakletos* – se, joka on kutsuttu vierelle – ja hän kutsuu opetuslapsia menemään lähelle niitä, joiden kanssa heillä ei ole paljoakaan yhteistä tai joiden kanssa heillä jopa on syviä ristiriitoja. Hän on "neuvonantaja", joten hänen voitelunsa auttaa väistämättä opetuslapsia tuomaan Jumalan neuvoja ihmisille. Hän on myös "lohduttaja", joten hän luonnollisesti auttaa opetuslapsia lohduttamaan ja rohkaisemaan ihmisiä, jopa niitä, joista he eivät erityisesti pidä.

Henki elää antaakseen kunniaa Jumalalle, joten opetuslasten voitelu antaa meille kyvyn säteillä Jumalan rakkautta, loistaa hänen totuuttaan ja rakkauttaan, tuoda yhä enemmän esiin hänen kirkkauttaan ja kääntää kaikki huomio häneen.

Hengen täyttämä elämä
Toisen Timoteuskirjeen jakeessa 1:7 apostoli Paavali nostaa esiin useita eri ominaispiirteitä, joiden tulisi alkaa saada sijaa jokaisessa Hengen täyttämässä opetuslapsessa.

Opetuslasten ei tulisi olla arkoja. Kun Jeesus pidätettiin, hänen opetuslapsensa hylkäsivät hänet ja pakenivat. Helluntain jälkeen tähän tuli kuitenkin suuri muutos. Kuinka paljon heitä sen jälkeen ruoskittiinkaan tai pidettiin vankeina, he eivät koskaan lakanneet julistamasta hyvää sanomaa Jeesuksesta.

Monet opetuslapset ovat luonnostaan ujoja ja varautuneita. Hengen voitelu ei tee heistä ulospäin suuntautuneita, mutta se antaa heille kyvyn päästä yli arkuudestaan ja nolostumisen tunteistaan, niin että he pystyvät kertomaan ystävilleen Jeesuksesta.

Kadotettujen tavoittaminen

Opetuslasten tulisi olla täynnä *Hengen voimaa* (kreikan kielen sana tälle on *dunamis*, josta sana dynamiittikin on peräisin). Se ei ole jumalallinen tuhoa aikaan saava räjähdys, vaan se on jatkuvaa kykyä kukistaa saatana ja ajaa hänet pois, seistä kasvotusten pilkan ja vainon kanssa, päästä yli pelosta ja puhua Jeesuksesta sekä tehdä Jumalan suuria tekoja. Tämä kykeneväksi tekevä voima ei ole lähtöisin luonnollisesta innokkuudesta tai luonteen vahvuudesta, se tulee ainoastaan kaikkivoivalta Hengeltä – ja jokaista uutta opetuslasta täytyy auttaa vastaanottamaan hänen voimansa.

Opetuslasten tulisi olla *Hengen rakkauden* valtaamia. Kun Henki tulee heihin, siitä pitäisi seurata, että he alkavat rakastaa Jumalaa enemmän kuin koskaan ennen. Heidän pitäisi huomata, että heidän sydämensä ovat aiempaa avoimempina muita kristittyjä kohtaan – jopa niitä, joilla on erilainen luonteenlaatu tai jotka kuuluvat heille vieraisiin suuntauksiin – sekä maailman kärsiviä ihmisiä kohtaan.

Tämäkään ei ole luonnollista inhimillistä rakkautta vaan Jumalan henkilökohtaista rakkautta, joka vuodatetaan meidän sydämiimme Pyhän Hengen kautta. Se on rakkautta, joka jatkaa rakastamista riippumatta siitä, kuinka lannistavasti siihen vastataan tai reagoidaan.

Lisäksi opetuslapsille tulisi olla tunnusomaista *Hengen antama itsensä hallitsemisen kyky* tai itsehillintä. Tämä on sen palvelevan Hengen tunnusmerkki, joka tekee opetuslapset kykeneviksi kieltämään itsensä palvellakseen Jumalaa ja ihmisiä.

Paavalissa näkyivät kaikki nämä opetuslapseuden ominaispiirteet hänen evankelioivassa työssään ja niiden monien kärsimysten keskellä, joita hän evankeliumin tähden joutui kohtaamaan. Hänen mukaansa ne olivat sen ansiota, että Pyhä Henki teki työtään hänen elämässään. On aivan ehdottoman välttämätöntä, että Henkeä julistetaan hyvän sanoman yhteydessä, jotta kaikki uudet opetuslapset tietäisivät, kuinka tärkeää heidän on avautua Hengelle ja pyytää hänen voiteluaan.

Evankeliointi ja opetuslapseus

Uhrautuva opetuslapseus

Kutsu opetuslapseuteen ei ole vain jotakin, minkä Jumala on tarkoittanut kristillisen elämän alkuun, vaan hän kutsuu jatkuvasti kaikkia opetuslapsiaan vielä tarkemmin määriteltyyn opetuslapseuteen – ja tähän liittyy aina uhrautumista. Luukkaan evankeliumin jakeen 9:23 kaltaiset kohdat osoittavat, ettei koskaan voi olla todellista kristillistä tehokkuutta ilman todellista uhrautuvaa opetuslapseutta.

Tämän tähden Jumala kutsuu valtakuntansa uusia jäseniä uhraamaan ylpeän oman tahtonsa ja oppimaan kuuliaisuutta ja antautumista – niin että Jeesus voisi antaa taivaallisen arvovaltansa toimia heidän kauttaan. Hän käskee omiaan olemaan kuuliaisia:

- Sanansa käskyille, jotta he voisivat elää *kosmoksessa* hänen Sanansa arvovallalla

- Henkensä kehotuksille, jotta heillä voisi Hengen voimassa olla valta yli pahuuden ja sairauksien

- toinen toiselleen seurakunnassa, jotta he voisivat palvella hänen arvovallallaan seurakunnassa

- sosiaalisille rakenteille, jotta he voisivat näyttää toteen hänen valtakuntaansa maan päällä.

Jumala kutsuu uusia palvelijoitaan uhraamaan ylpeän itseensä luottamisen, oppimaan olemaan riippuvaisia avusta ja ottamaan sitä vastaan – jotta Jeesus voisi palvella tehokkaammin heidän kauttaan. Hän käskee palvelijoitaan olemaan riippuvaisia:

- Sanansa lupauksista, jotta he voisivat palvella maailmassa hänen Sanansa vaativien normien mukaan

- Hengen johdatuksesta, jotta he voisivat palvella kärsiviä ihmisiä Hengen voimassa

- muista uskovista, jotta he voisivat palvella toinen toistaan seurakunnassa

Kadotettujen tavoittaminen

- yhteiskunnasta, johon heidät on laitettu, jotta he voisivat palvella ympärillään olevia ihmisiä.

Jumala kutsuu uusia ystäviään uhraamaan ylpeän itsevarmuutensa ja oppimaan noudattamaan esimerkkiä, jotta Jeesus voisi käyttää heidän elämiään muita innoittavana esimerkkinä. Hän kutsuu ystäviään toivottamaan tervetulleiksi:

- Sanassa antamansa esimerkin, jotta he voisivat osoittaa maailmalle olevansa Jeesuksen kaltaisia

- Hengen kautta antamansa rohkaisun, jotta he voisivat rohkaista muita olemaan enemmän hänen kaltaisia

- hänen oikaisuaan, joka tulee seurakunnan muiden jäsenten kautta, jotta he voisivat olla kärsivällisiä toisiaan kohtaan seurakunnassa

- kaiken, mikä yhteiskunnassa on hyvää, jotta he voisivat tuoda esiin hänen normejaan ja hänen hyväksyntäänsä paikallisissa yhteisöissään.

Lisäksi Jumala kutsuu uusia poikiaan ja tyttäriään uhraamaan ylpeän itsekeskeisyytensä, oppimaan ylistämään ja ottamaan vastaan ikuisen elämän, jotta he voisivat näyttää, millainen Jumalan ikuinen luonto on. Hän haluaa lastensa ottavan vastaan:

- Jeesuksen Jumalan Poikana, joka ilmoitetaan Sanassa, jotta he voisivat julistaa hänen ikuista totuuttaan maailmalle

- Hengen voitelun, jotta he voisivat loistaa hänen ikuista valoaan maailman pimeissä paikoissa

- hänen rakkautensa toinen toistensa kautta seurakunnassa, jotta he voisivat yhdessä muiden kanssa saada nauttia hänen jumalallisesta rakkaudestaan seurakunnassa

- elämää koskevia tietoja luomakunnaltaan, jotta he voisivat pitää hänen rakkaudellaan huolta kaikista luomakunnan osa-alueista.

Evankeliointi ja opetuslapseus

Kaikki uudet kristityt tarvitsevat rohkaisua ja opetusta, jotta he ymmärtäisivät opetuslapseuden kaikessa sen laajuudessa. Monet seurakunnat painottavat joitakin edellä mainittuja puolia, mutta meidän täytyy auttaa ihmisiä todella ymmärtämään ja elämään todeksi niitä kaikkia.

Tässä mielessä on ehdottoman tärkeää, että seurakunnat vahvistavat uusia uskovia heidän uskossaan heti, kun nämä ovat sitoutuneet Jeesukseen. Heistä tulee siis tehdä vahvoja uskossaan, jotta he pysyisivät tiukasti kristittyinä eivätkä luiskahtaisi takaisin maailmaan. Käytännössä tämä tarkoittaa sitä, että uusien uskovien kanssa täytyy viettää aikaa ja heille täytyy opettaa kristilliseen opetuslapseuteen liittyviä perusasioita. Se tarkoittaa, että heidät juurrutetaan perusteita käsitteleviin opetuksiin, kuten opetukseen parannuksen teosta ja uskosta, vesikasteesta, Pyhän Hengen vastaanottamisesta ja kuulumisesta Jumalan perheeseen – ja että nämä alkavat myös tulla näkyviksi heidän elämässään. Se tarkoittaa, että heitä autetaan kokemaan uutta elämäänsä Kristuksessa niin, että he saavat kokea uskonvarmuuden ja uskosta saatavan lohdutuksen. Se tarkoittaa, että heille näytetään, kuinka elää vapaina niistä kahleista, jotka aiemmin sitoivat heitä. Se tarkoittaa, että heitä autetaan löytämään paikkansa seurakunnassa. Se tarkoittaa, että heitä opetetaan jakamaan uskoaan ja ohjataan palvelemaan ja ottamaan vastuuta. Varsinkin niiden seurakuntien, joilla on jo valmiiksi olemassa jonkinlainen suunnitelma uusien uskovien vahvistamiseksi, on helppoa päästä näkemään näiden tavoitteiden toteutumista ja tämän myötä päästä pohjimmiltaan myös näkemään uusien käännynnäisten kasvamista sitoutuneiksi opetuslapsiksi.

Yhteen liitettyinä seurakunnassa
Aina kun uusi uskova tulee Jeesuksen luo ja alkaa turvata häneen, alkaa upouusi suhde – eikä ainoastaan Jumalan kanssa vaan myös kaikkien muiden kristittyjen kanssa maailmanlaajuisessa seurakunnassa.

Kadotettujen tavoittaminen

Efesolaiskirjeen jakeet 2:15-16 osoittavat, että Jeesuksen kuolema yhdisti juutalaiset ja pakanat, teki kahdesta yhden kokonaisuuden, ja että ristin suuri tarkoitus oli luoda yksi ainoa Uusi Persoona sovituksen kautta ja sovitusta varten. Tämä tarkoittaa, että jokaisella opetuslapsella on henkilökohtainen suhde Jumalan kanssa *ja* että jokainen opetuslapsi on kiinteästi liitetty yhteen kaikkien muiden uskovien kanssa maailmanlaajuisessa seurakunnassa.

Seurakunnan pohjimmiltaan yhteisöllistä luontoa tarkastellaan kirjassa *Jumalan kirkkaus seurakunnassa*, jossa tutkitaan myös jakeiden 1. Piet. 2:9; 1. Kor. 1:2, 3:9-17; 2. Kor. 11:2 ja Ef. 1:23 kaltaisia kohtia. Nämä raamatunkohdat osoittavat, että opetuslapset ovat niitä, jotka on tarkoin valikoitu kaikkien muiden ihmisten joukosta olemaan Jumalan Pojan rakas morsian. Hän todellakin on valinnut meidät. Hänen Sanaansa ei voida purkaa. Hänen rakkautensa ei koskaan petä. Ja me, valittu morsian, olemme osalliset Pojan perinnöstä, joka sisältää aivan kaiken.

Jae 1. Piet. 2:9 kirjoitettiin alun perin vainotuille opetuslapsille, ihmisille, joille Jeesuksen palveleminen merkitsi todennäköisesti elämänsä antamista. Pietari kutsui heitä kuninkaalliseksi papistoksi osoittaakseen, että he palvelivat kuningasta palvelemalla uhrautuvasti kuninkaan kansaa monilla eri tavoilla. He täyttivät itseään, Jumalan pyhää temppeliä, papillisilla rukous-, ylistys- ja kiitosuhreilla.

Kaikissa kuninkaan hallitsemissa maissa pidetään suurena etuoikeutena saada palvella kuninkaallista perhettä heidän kuninkaallisessa palatsissaan. Onkin siis aivan vertaansa vailla oleva kunnia saada palvella kuninkaiden kuningasta – vaikka siihen liittyykin marttyyriutta. Meidän tulee tavalla tai toisella saada välitettyä tämä ajatus suuresta kunniasta ja etuoikeudesta myös kaikille uusille uskoville.

Opetuslapset muodostavat myös pyhän kansan. Tämä tarkoittaa, että meidät on erotettu elämään omistautunutta ja pyhitettyä yhteisöllistä elämää. Paavalin lempikuva seurakunnasta, "ruumis", osoittaa, että opetuslapset on luotu

Evankeliointi ja opetuslapseus

uudelleen Kristuksen ruumiiseen, niin että hän voi jatkaa oman täydellisen elämänsä elämistä maan päällä heidän kauttaan.

Lisäksi opetuslapset ovat ihmisiä, jotka kuuluvat Jumalalle: me olemme hänen seurakuntansa, hänen taivaansa kansalaisia ja hänen valtakuntansa lapsia. Meitä koskevat Jumalan lait, ja Jumalan Henki ohjaa meitä. Yksinkertaisesti sanottuna: me olemme Herran omia.

Tehty valmiiksi palvelemaan
Edellä havaittiin Efesolaiskirjeen jakeesta 4:12, että kaikki seurakuntien johtajat on ensisijaisesti kutsuttu varustamaan koko seurakunta palvelutyöhön. Kirjassa *Palveleminen Hengessä* opitaan, että tässä jakeessa käytetty kreikan kielen sana *diakonia* tarkoittaa käytännöllistä, avustavaa, alhaista, jalkoja pesevää palvelemista.

Aivan jokaisen opetuslapsen tehtävä on palvella Jumalaa, muita opetuslapsia ja maailmaa, mutta seurakunnan johtajien tehtävä on varmistaa, että tämänkaltainen nöyrä palveleminen on tunnusomaista seurakunnalle kokonaisuutena.

Yhteenvetona voitaisiin sanoa, että opetuslapseuden päätarkoitus on rakentaa opetuslapsia yhteen seurakunnassa ja varustaa heitä yhdessä palvelemaan maailmassa. Kun julistamme hyvää sanomaa, meidän tulee puhua opetuslapseudesta kokonaisvaltaisesti ja muistuttaa siitä, että Jumala haluaa kaikkien opetuslasten, hänen koko rakkaan seurakuntansa:

- ◆ osoittavan todeksi, että Jeesus on kuninkaiden kuningas, noudattamalla hänen Sanaansa, toimimalla hänen arvovallallaan ja turvautumalla hänen nimeensä

- ◆ osoittavan, että Jeesus on maailman Pelastaja, turvaamalla hänen kuolemaansa, palvelemalla hänen tehokkuudellaan ja turvautumalla hänen vereensä

- ◆ tekevän selväksi, että Jeesus on ihanneihminen, kulkemalla hänen jalanjäljissään, johtamalla hänen täydellisyydellään ja jäljittelemällä hänen esimerkkiään

Kadotettujen tavoittaminen

◆ paljastavan, että Jeesus on todellinen Jumala, olemalla osallisia hänen elämästään, loistamalla hänen valoaan, puhumalla hänen totuuttaan ja osoittamalla hänen rakkauttaan.

Kristillinen opetuslapseus muuttuu ihanaksi – aidoksi evankeliumin hyväksi sanomaksi –, kun seurakunta alkaa elää ja palvella tällaisella tavalla. Silloin seurakunnassa todellakin on Jumalan kirkkautta ja myös *kosmos* on täynnä Jumalan kirkkautta yhtä varmasti kuin vedet peittävät meret. Sillä mikään ei houkuttele ihmisiä niin paljon Jumalan luo kuin todella Kristuksen kaltaiset elämät – eikä millään ole myöskään niin suurta evankelioivaa vaikutusta kuin juuri tällaisilla elämillä.

Osa 8

Evankeliointi ja Henki

Vaikka Uuden testamentin viidennen kirjan nimi onkin "Apostolien teot", olisi luultavasti paremmin paikkansapitävää kutsua sitä nimellä "Hengen teot apostolien kautta".

Apostolien teot alkaa pelokkaalla 120 hengen joukolla kouluttamattomia opetuslapsia, jotka olivat tiiviisti yhteen kerääntyneinä eräässä yksityisessä huoneessa. Tämän jälkeen siinä kuitenkin kerrotaan, kuinka näistä opetuslapsista tuli voimallisia todistajia, jotka selviytyivät ankarasta vastustuksesta ja rajuista vainoista ja perustivat kaikkialle Rooman keisarikuntaan levittäytyvän kukoistavan seurakunnan.

Jumalan mahtava voima on nähtävissä Apostolien tekojen jokaisella sivulla siinä, kuinka ihmisiä parani, vapautui ja kääntyi Jumalan puoleen, kuinka he saivat voiman lähteä liikkeelle ja kuinka he muuttuivat uskottaviksi ylösnousseen Kristuksen todistajiksi. Ja tärkein syy opetuslasten tehokkuudelle oli aina Pyhän Hengen voima.

Apostolien teoissa on yli 50 viittausta Henkeen – kohdissa 1:2, 5, 8, 16; 2:4, 17–18, 33, 38; 4:8, 31; 5:3, 9, 32; 6:3, 5, 10; 7:51, 55; 8:15, 17–19, 29, 39; 9:17, 31; 10:19, 38, 44–47; 11:12, 15–16, 24, 28; 13:2, 4, 9, 52; 15:8, 28; 16:6–7; 17:16; 18:5, 25; 19:2, 6, 21; 20:22–23, 28; 21:4, 11 ja 28:25. Näiden kohtien huolellinen tarkasteleminen nostaa esiin ja arvoonsa raamatullisen evankelioinnin ja Pyhän Hengen välisen elintärkeän yhteyden.

Henki ja todistaminen

Kirjassa *Hengen tunteminen* opitaan, että todistaminen on hyvin keskeistä Pyhälle Hengelle. Johanneksen evankeliumin jakeet 15:26–27 osoittavat, että Hengen kaksi suurta tarkoitusta ovat:

Kadotettujen tavoittaminen

◆ Jeesuksesta todistaminen

◆ meidän auttamisemme olemaan Jeesuksen todistajia.

Johanneksen evankeliumin jakeet 16:8-11 taas paljastavat, että Hengen kutsumus on saada maailma vakuuttuneeksi:

◆ synnistä

◆ vanhurskaudesta

◆ tuomiosta.

Lisäksi Apostolien tekojen jae 1:8 lupaa, että Hengen voitelun seurauksena opetuslapsista tulee voimallisia todistajia.

Kirjassa *Hengen tunteminen* myös selvitetään, että Henki tuo aina ratkaisevan muutoksen. Hän haluaa täyttää meidät voimalla, auttaa meitä tulemaan puhtaiksi, ohjata meitä tekemään Jeesuksen tekoja ja antaa meille kyvyn elää hänen läsnäolossaan. Tätä kaikkea hän haluaa tehdä, *jotta me voisimme tuntea Jeesuksen paremmin ja tehdä hänet paremmin tunnetuksi.*

Kaikki nämä Hengen mahtavat teot liittyvät kuitenkin hänen ensisijaiseen tarkoitukseensa, todistamiseen. Edellä havaittiin, että jakeessa Luuk. 4:18 Jeesus ilmoitti olevansa voideltu Hengellä, jotta hän voisi evankelioida kärsiviä ihmisiä. Juuri tämä sama tarkoitus on havaittavissa aina voitelun taustalla läpi koko Uuden testamentin – aina kun ihmiset täyttyivät tai heidät voideltiin Pyhällä Hengellä, hyvin pian sen jälkeen seurauksena oli juurikin tehokasta evankeliointia.

Jakeiden Ap. t. 2:41-47, 4:31-33, 6:10, 9:17-28, 10:44-46, 13:9-12, 19:6-20; 1. Tess. 1:5-8; Hepr. 2:4 ja 1. Piet. 1:12 kaltaiset raamatunkohdat osoittavat, että Jumalan korottaminen ja Jeesuksesta todistaminen olivat luonnollista seurausta siitä, kun joku henkilö tai jotkut henkilöt saivat Pyhän Hengen.

Voidaankin sanoa, että juuri Henki synnytti seurakuntaan kiihkeän halun evankelioida. Helluntaina seurakunnasta tuli luonnostaan todistava seurakunta, sillä jatkuvasti todistava Henki täytti sen. Tämä havaitaan esimerkiksi Apostolien tekojen

Evankeliointi ja Henki

jakeen 4:20 kaltaisissa kohdissa. Uudessa testamentissa itse asiassa annetaan ymmärtää, että aina kun Henki on läsnä voimassa, seurakunnan evankelioiva työ soljuu luonnostaan, spontaanisti ja tehokkaasti.

Apostolien tekojen jae 5:28 osoittaa, että helluntaista eteenpäin evankeliointia yksinkertaisesti vain tapahtui. Mutta – kuten edellä todettiin – sitä tapahtui ilman, että apostolien täytyi rohkaista siihen tai kehottaa ihmisiä "menemään ja levittämään evankeliumia". Ei edes Apostolien tekojen luvuissa 11 ja 15, joissa kerrotaan alkuseurakunnan kiistoista koskien evankeliumia ja pakanoita, viitata lähetyskäskyyn. Niissä sen sijaan ainoastaan mainitaan Hengen työ ja kerrotaan, että seurakuntaa rohkaistiin antamaan tunnustusta hänen työlleen.

Tämä on sekä tärkeää että olennaista. Paikallisseurakunnat eivät tarvitse enempää kehotuksia tehdä lähetystyötä, rohkaisua evankelioida, muistuttamista lähetyskäskystä tai enemmän ohjeistusta siitä, kuinka evankelioida. Ne tarvitsevat ainoastaan enemmän todistavaa Henkeä. Hänen voitelunsa muuttaa minkä tahansa seurakunnan tehokkaaksi todistavaksi yhteisöksi.

Emme saa koskaan unohtaa, että ilman Hengen läsnäoloa, johdatusta ja rajatonta voimaa on täysin turhaa pyrkiä tavoittamaan kadotettuja, levittää evankeliumia tai yrittää minkäänlaista evankeliointia.

Henki ja voima

Voisi hyvin kuvitella, että ne opetuslapset, jotka olivat parantaneet sairaita, ajaneet ulos riivaajia, kulkeneet Jeesuksen seurassa kolmen vuoden ajan ja omin silmin nähneet todisteet Jeesuksen ylösnousemuksesta, olisivat olleet vähintäänkin riittävän varustettuja toimimaan todistajina. Näin ei kuitenkaan ollut.

Heillä oli kyllä kokemusta, koulutusta ja tietoa, mutta heiltä puuttui ainoa oikeasti tarvittava pätevyys – Jumalan oma voima, Pyhän Hengen voima. Kohdissa Luuk. 24:48–49 ja

Kadotettujen tavoittaminen

Ap. t. 1:4–8 Jeesus lupasi, että Hengen voitelu korjaisi tämän puutteen.

Juuri tämän Hengen aikaansaaman kyvyn ansiosta opetuslapset pystyivät esittämään todisteet sille, että Jeesus elää. He tekivät näin saarnaamalla vakuuttavasti (1. Tess. 1:5), esittämällä todisteeksi muuttuneet elämänsä (1. Tess. 1:8–10) sekä tunnusteoin ja ihmein (Room. 15:18–19).

Kolmetuhatta helluntaina Jumalan puoleen kääntynyttä ihmistä olivat seurausta siitä, että Hengen voima virtasi 120 opetuslapsen kautta. Helluntai oli kuitenkin vasta alkua. Kun Apostolien tekoja luetaan pidemmälle, voidaan havaita, kuinka evankeliumia levitettiin juuri Hengen voimasta. Apostolien tekojen jakeet 4:33, 6:8 ja 10:38 havainnollistavat sitä, kuinka keskeistä Pyhän Hengen voima oli seurakunnan todistamiselle.

Tavallisin kreikan kielen voimaa tarkoittava sana on *dunamis*. Se viittaa energiaan, joka muuttaa kaiken. Se on Jumalan yliluonnollinen mahdolliseksi tekevä voima, jonka kautta tapahtuu ihmeitä, todistaminen muuttuu tehokkaammaksi ja opetuslapset saavat voiman kestää vainoja ja vastustusta.

Uusi testamentti osoittaa, että Hengen *dunamis*-voima on tarkoitettu moniin eri tarkoituksiin. Uudessa testamentissa esimerkiksi paljastetaan, että Jumalan voima tekee opetuslapset kykeneviksi:

- olemaan Jeesuksen todistajia – Ap. t. 1:8
- todistamaan Jeesuksen ylösnousemuksesta – Ap. t. 4:33
- tekemään suuria ihmeitä ja tunnustekoja – Ap. t. 6:8
- tekemään hyvää ja parantamaan – Ap. t. 10:38
- olemaan täynnä toivoa – Room. 15:13
- tekemään tunnustöitä ja ihmeitä – Room. 15:18–19
- puhumaan ja julistamaan – 1. Kor. 2:4–5

Evankeliointi ja Henki

- kestämään vaikeuksia – 2. Kor. 6:6–10
- iloitsemaan heikkouksista – 2. Kor. 12:9
- vahvistumaan Jumalan rakkauden tuntemiseksi – Ef. 3:16
- vastustamaan vihollista rukouksessa – Ef. 6:10–18
- julistamaan evankeliumia – Fil. 4:10–15 ja 1. Tess. 1:5
- olemaan kärsivällisiä – Kol. 1:11
- olemaan osallisia Kristuksen kärsimyksistä – 2. Tim. 1:8.

Voima julistaa
Vanhassa testamentissa Hengen voitelu antoi profeetoille voiman ottaa vastaan, ymmärtää ja puhua Jumalan ajatuksia. Hengen kautta he tiesivät, mitä Jumala halusi heidän puhuvan, ja heillä oli hänen *dunamis*-voimansa sanoa se julkisesti.

Uudessa testamentissa Pyhä Henki edelleen teki kaikki voidellut uskovat kykeneviksi tietämään, mitä sanoa, ja puhua se voimalla, jota heillä ei luonnostaan ollut. Tämä havaitaan kohdassa 1. Kor. 2:4.

Apostolien tekojen jae 2:4 osoittaa, että kun opetuslapset täyttyivät Pyhällä Hengellä, Henki antoi heille sanat "puhuttavaksi". Tämä sana on kreikassa *apophtheggomai*, ja se tarkoittaa "puhua esiin". Siihen sisältyy ajatus lausunnon antamisesta julkisesti, ja se esiintyy tämän jakeen lisäksi ainoastaan kohdissa Ap. t. 2:14 ja 26:25.

Tämä tarkoittaa, että Apostolien tekojen jakeen 2:4 "puhuttavaksi" oli erityinen Hengen antama kyky puhua ihmisille. Se oli "nouse ja mene"-käsky todistaa muille ihmisille Jeesuksesta – ja tällainen kyky todistaa sanallisesti annetaan kaikille uskoville, jotka täytetään Pyhällä Hengellä.

Voima tehdä ihmeitä
Läpi tämän *Hengen miekka* -kirjasarjan painotetaan Vanhan testamentin profeettojen oleellisuutta. Mooseksen, Elian ja

Kadotettujen tavoittaminen

Elisan kaltaiset ihmiset – jotka oli voideltu Hengellä – saivat havaita, että Jumala antoi heille voiman puhua julkisesti ja että hän myös teki ihmeitä heidän kauttaan.

Sama on totta myös Uudessa testamentissa. Kohdat Matt. 21:11, 21:46; Mark. 6:4–15; Luuk. 7:11–17 ja Joh. 7:40 osoittavat, että ihmiset pitivät Jeesusta profeettana juuri ihmeiden tähden.

He ymmärsivät tunnustekojen ja ihmeiden tarkoittavan, että Jumala oli Jeesuksen kanssa jollakin erityisellä tavalla, joten he ajattelivat, että Jeesuksen täytyi olla yksi edellisten kaltainen Hengen voitelema profeetta.

Apostolien tekojen jae 6:8 osoittaa, että tämä kykeneväksi tekevä voima oli Stefanoksen ihmeiden salaisuus. Lisäksi Roomalaiskirjeen jakeet 15:18–19 painottavat, että juuri Jumalan Hengen voima tekee opetuslapset kykeneviksi tekemään ihmeitä.

Meidän on tärkeää muistaa, että Henki antaa voiman tehdä ihmeitä pääasiassa evankelioimisen asiayhteydessä. Uudessa testamentissa tunnusteot ja ihmeet annettiin pääasiassa ihmisten vakuuttamiseksi siitä, että sanoma Jeesuksesta on totta.

Tietenkin Jumala parantaa myös siksi, koska hän välittää sairaista ihmisistä, mutta asiayhteys on pääasiassa evankelioiva – jopa silloin, kun parannettavat ovat uskovia.

Apostolien teoissa ihmeillä on olennainen osa evankelioinnissa. Esimerkiksi:

- kun rampa mies oli parantunut, Pietari ja Johannes vangittiin ja heitä nuhdeltiin, mutta monista niistä, jotka olivat kuulleet Pietarin selityksen ihmeelle, tuli uskovia

- Saulin parantumista seurasi hänen saarnansa Damaskoksessa, joka oli alkua hänen hedelmälliselle tulevaisuudelleen

- kun Aineas parantui, "kaikki, jotka asuivat Lyddassa ja Saaronin tasangolla, näkivät hänet, ja he kääntyivät ja uskoivat Herraan"

Evankeliointi ja Henki

◆ koko Joppe kuuli Tabitan kuolleista heräämisestä, ja "monet uskoivat (nyt) Herraan".

Tehokas evankeliointi luetaan Apostolien teoissa:

◆ neljätoista kertaa ihmeiden ja julistamisen yhteisvaikutuksen ansioksi

◆ kuusi kertaa vain ihmeiden ansioksi

◆ yhden kerran vain julistamisen ansioksi (tämä tapahtui Korinttissa – tosin jakeet 1. Kor. 1:17 ja 2:14 antavat ymmärtää, että siellä tapahtui paljon muutakin kuin vain se, mitä Luukas kertoo Apostolien tekojen luvussa 18).

Tämä vahvistaa sitä, mikä selvitetään kirjassa *Palveleminen Hengessä*: että parantamisen tulisi oikeassa ja luonnollisessa asiayhteydessään tapahtua hyvän sanoman julistamisen yhteydessä. Tämä havaitaan esimerkiksi kohdassa Room. 15:18–19.

Hyvin harvat niistä ihmisistä, jotka Uudessa testamentissa parannettiin, olivat parantumisensa aikaan Kristuksen seuraajia. Paavali, Lasarus ja Tabita olivat opetuslapsia ja samoin olivat todennäköisesti myös Aineas, Eutykos ja Pietarin anoppi. Loput 32 ihmistä, joiden Uudessa testamentissa kerrotaan parantuneen Hengen voimasta, eivät vaikuta olleen uskovia parantumisensa aikaan. Tämä vahvistaa sitä ajatusta, että evankeliointi on pääasiallisin asiayhteys, jossa Henki valitsee tehdä voimallisia ihmeitä.

Voima sodankäyntiin
Kohdat Ef. 6:10–20 ja 1. Piet. 5:8 osoittavat, että kaikki kristityt ovat mukana taistelussa pimeyden valtoja vastaan. Saatamme tuntea itsemme heikoiksi ja riittämättömiksi, kun ajattelemme kaikkea maailmassa olevaa pahuutta ja kärsimystä, kun kamppailemme jotakin säännöllistä henkilökohtaista kiusausta vastaan tai kun yritämme vastata niihin vastaväitteisiin, joita ihmisillä meidän uskoamme kohtaan on. Jakeen 2. Kor. 10:4–6 kaltaiset kohdat kuitenkin lupaavat, että Henki antaa

Kadotettujen tavoittaminen

meille kaiken sen voiman, jota tarvitsemme tämänkaltaiseen hengelliseen sodankäyntiin.

Henki ei ainoastaan tee meistä kykeneviä julistamaan evankeliumia sanoin ja osoittamaan sitä todeksi teoin, hän tekee meidät myös kykeneviksi elämään voittoisina Jeesukselle. Hän antaa meille kyvyn tehdä, mitä tiedämme että meidän tulisi tehdä ja mitä vilpittömästi haluammekin tehdä, mutta jonka tekemiseen meillä ei itsellämme ole voimaa.

Hän antaa meille voiman sanoa "ei" kaikenlaisille houkutuksille, joita "maailma, liha ja paholainen" näyttävän tarjoavan – olivatpa ne sitten ilmeisiä paheita, kuten erilaiset riippuvuudet, tai vähemmän ilmeisiä paheita, kuten kunnianhimo ja mielistely. Hän antaa meille myös oman kykynsä olla kärsivällisiä ihmisten kanssa, säilyttää malttimme, pysyä vahvoina paineiden alla ja rakastaa niitä, joita ei ole helppoa rakastaa – itse asiassa siis tehdä kaikkia niitä asioita, joita vihollinen yrittää vankasti estää meitä tekemästä.

Elämän tavanomaiset ongelmat saattavat tuntua meistä ylivoimaisilta, mutta Jumala antaa meille armonsa ja *dunamis*-voimansa, niin että kykenemme voittamaan heikkoutemme ja ongelmamme. Toisen Korinttolaiskirjeen jakeet 12:9–10 auttavat meitä asettamaan ongelmamme oikeisiin mittasuhteisiin ja tarkastelemaan niitä raamatullisesti.

Meidän tulee evankelioidessamme aina uudelleen ja uudelleen huutaa Jumalan puoleen, anoa häntä auttamaan meitä, vahvistamaan meitä, antamaan meille voiman puhua ja toimia oikealla tavalla ja auttamaan meitä suhtautumaan oikein kohtaamiimme paineisiin. Voimme olla varmoja siitä, että Hengen kykeneväksi tekevä voima on kaikki, mitä tarvitsemme voidaksemme kestää ja selviytyä voittajina.

Paavalin rukous saada *dunamis*-voimaa (Ef. 3:16) tulisi olla meidänkin jatkuva rukouksemme – sekä itseämme varten että niitä varten, joita rakastamme ja palvelemme. Tarvitsemme epätoivoisesti Hengen kykeneväksi tekevää voimaa auttamaan meitä työntämään syrjään pahan etulinjat yhteiskunnassa,

Evankeliointi ja Henki

tavoittamaan kadotettuja hyvällä sanomalla ja tuomaan Jumalan valtakuntaa omalle paikkakunnallemme.

Voima pysyä kestävinä
Useimmat uskovat tuntevat joitakin Jumalan lupauksia. Tarvitsemme kuitenkin Hengen voimaa muuttamaan nuo lupaukset konkreettiseksi kokemukseksi, joka täyttää meidät ilolla ja toivolla silloinkin, kun kohtaamme pettymyksiä ja lannistamista. Meidän tulee jatkaa Paavalin esimerkin mukaista (Room. 15:13) esirukousta toinen toistemme puolesta.
Kohdat 2. Kor. 6:3–10 ja Kol. 1:11 auttavat meitä ymmärtämään Paavalin asennetta vaikeita olosuhteita kohtaan. Hän tiesi sen totuuden, että Jumala antaa kärsivällisyyden ja armon kestää vaikeuksia. Meidän täytyy muistaa – ja opettaa –, että Jumalan *dunamis*-voiman lahja pysyä kestävinä on usein Jumalan meille tarkoittama tapa voittaa vaikeudet ja lamaannus.
Juuri nöyrän Hengen voima on se, mikä lujittaa päättäväisyyttämme pysyä kestävinä, kun kohtaamme vaikeita aikoja. Juuri *Parakletos* on se, joka kehottaa meitä jatkamaan vastoinkäymisistä huolimatta.

Voima todistaa
Kun pyrimme ymmärtämään, miksi Henki antaa kykeneväksi tekevän voimansa, meidän täytyy tarkastella jakeiden Ap. t. 4:33 kaltaisia kohtia. Henki antaa meille voiman julistaa ja pysyä kestävinä, voiman ihmeiden tekemiseen ja sodankäyntiin, jotta me voisimme olla ylösnousseen Herran Jeesuksen voimallisia todistajia.
Ihmeitä ei anneta *meidän* innostamiseksemme tai rohkaisemiseksemme (vaikka ne sitä tekevätkin). Voittoa ja toivoa ei anneta tekemään *meidän* elämistämme siedettävämpiä (vaikka ne niin tekevätkin). Sen sijaan ne annetaan pohjimmiltaan vakuuttavaksi ja tehokkaaksi todistukseksi *kadotetuille*.
Kaikki Hengen kykeneväksi tekemisen puolet annetaan, jotta me kykenisimme tuntemaan Jeesuksen paremmin *ja*

Kadotettujen tavoittaminen

tekemään hänet paremmin tunnetuksi kadotetulle ja kärsivälle maailmalle. Aidon hengellisen voiman todellinen testi onkin yksinkertaisesti se, saako se ihmiset tuntemaan Jeesusta syvemmin vai ei.

Tämä tarkoittaa, että meidän tulisi puhua Hengen työstä kristuskeskeisillä sanoilla pikemmin kuin ihmiskeskeisellä tavalla – ikään kuin Jumalan voima olisi jotakin, jonka *me* voimme tarvittaessa napsauttaa päälle ja *ottaa* käyttöön. Meidän täytyy tehdä selväksi, että me olemme Jumalan saatavilla ja että hän käyttää meitä – ei koskaan toisinpäin.

Kun evankelioimme, meidän tulee pitää huoli siitä, ettemme esitä Henkeä jonkinlaisena persoonattomana voimana, jonka ei-uskovat voivat ottaa käyttöönsä ja jota he voivat hallita sen jälkeen, kun ovat antaneet elämänsä Kristukselle. Jumalan voima ei välittömästi poista luonteenvikojamme ja tee elämästämme suoraviivaista ja mukavaa. Elämämme on jatkuvaa taistelua maailmasta, lihasta ja paholaisesta tulevia paineita ja juonia vastaan.

On tietenkin totta, että Henki saa aikaan hämmästyttäviä muutoksia *dunamis*-voimansa kautta. Hän antaa meille voiman ja kyvyn tehdä, mitä tiedämme, että meidän tulisi tehdä. Tämä voima, jonka Kristus antaa meille Hengen kautta, on ihmeellinen tosiasia, jota meidän tulisi haluta kokea yhä vain enemmän.

Henki ei kuitenkaan syrjäytä vapaata tahtoamme, pakota meitä tottelemaan itseään tai saa meitä puhumaan. Hän kutsuu meitä *vapaaehtoiseen* kumppanuuteen, jotta me *voisimme* tuntea Jeesuksen paremmin ja *voisimme* ilmoittaa hänet selvemmin.

Hengen voima on annettu meille, mutta se on annettu, jotta meistä voisi tulla parempia todistajia – sellaisia ihmisiä, joiden sanat ja teot, joiden jokapäiväinen käytös ja hengellinen arvovalta, tavoittaisivat tehokkaasti kadotettuja Kristuksen evankeliumilla.

Evankeliointi ja Henki

Henki ja totuus

Johanneksen evankeliumin jakeissa 15:26 ja 16:13 Jeesus opetti "totuuden Hengestä". Tämä osoittaa, että Pyhä Henki on aina kiinnostuneempi hengellisestä totuudesta kuin hengellisistä kokemuksista, Jumalan Sanan totuudesta kuin Jumalan tekojen tuomasta jännityksestä.

Tämä *Hengen miekka* -kirjasarja on sekä Sanaa että Henkeä korostava raamattukoulu, ja siinä painotetaankin toistuvasti, että Henki ja Sana kuuluvat yhteen eikä niitä saa erottaa. Jeesuksen opetus Hengestä Johanneksen evankeliumin luvuissa 14–16 paljastaa, että juuri totuuden Henki asuu opetuslapsissa, todistaa Jeesuksesta ja toteaa maailman syylliseksi syntiin. Vain koska hän on totuuden henkilöitymä, hän pystyy toteuttamaan kumppanuuden, todistamisen ja todeksi osoittamisen tekojaan.

"Totuus" liittyy Johanneksen evankeliumissa tietenkin henkilöön, ei ajatuksiin. Sillä viitataan Jeesuksen persoonaan, ei teologisiin ajatuksiin hänestä – tämä havaitaan jakeissa Joh. 1:17, 8:40, 14:6 ja 18:37. "Todellinen" totuus on Jeesuksen ikuinen todellisuus ja totuus, Sana, tuo elämän kaikille, jotka ottavat sen vastaan.

Kun evankeliointi on Hengen valtuuttamaa ja ohjaamaa, totuus on kaikki kaikessa. Evankeliointi keskittyy tällöin siis pohjimmiltaan Jeesukseen totuutena – hänen sanoihinsa, ainutlaatuisuuteensa, elämäänsä, kuolemaansa, ylösnousemukseensa ja niin edelleen.

Tästä seuraa kuitenkin myös, että evankelioinnin täytyy kaikilta osin olla totuudellista ja täysin rehellistä. Siihen ei siis saa sisältyä liioittelua, manipulointia, monitulkintaisuutta, vääriä väitteitä, ylpeyttä, taloudellista painostamista eikä kyseenalaisia motiiveja. Siihen täytyy sisältyä henkilökohtaista läpinäkyvyyttä, syvää nöyryyttä, älyllistä selkeyttä ja vilpitöntä tarttumista vaikeisiin aiheisiin, kuten kärsimyksiin, seurakuntien erimielisyyksiin, tieteellisiin teorioihin, muihin uskontoihin ja niin edelleen.

Kadotettujen tavoittaminen

Jos kerran totuuden Henki johtaa meitä kaikkeen totuuteen, meidän tulisi julistaa täyttä evankeliumin totuutta: sen henkilökohtaista voimaa *ja* sen älyllistä tinkimättömyyttä, ristin ihmeellisiä aikaansaannoksia *ja* ristin ja ylösnousemuksen vankasti todeksi osoittavia historiallisia tosiseikkoja.

Henki ja kääntymys
Kirjoissa *Hengen tunteminen*, *Elävä usko*, *Jumalan kirkkaus seurakunnassa* ja *Pelastus armosta* painotetaan, että kääntymys – kääntyminen Jumalan puoleen – on prosessi pikemmin kuin hetkellinen tapahtuma. Siihen liittyy uudestisyntyminen, parannuksen tekeminen, uskominen Jeesukseen, syntien anteeksisaaminen, vesikaste, Pyhän Hengen vastaanottaminen, tuleminen Jumalan seurakunnan aktiiviseksi jäseneksi ja Jeesuksen opetuslapsena oleminen maailmassa – vaikkakin ihminen tietenkin "pelastuu" yksinkertaisesti vain tekemällä parannuksen ja uskomalla.

Osa tätä prosessia voidaan tiivistää muutamiin minuutteihin, joiden aikana useat edellä mainituista seikoista tapahtuvat lähes yhtäaikaisesti – kuten helluntaina kääntyneiden kohdalla – mutta "kääntymyksen" kaikkia puolia täytyy käsitellä johdonmukaisesti uskovan koko eliniän ajan.

Johanneksen evankeliumin luvussa 3 Jeesus vaikuttaisi tekevän eron valtakunnan "näkemisen" välillä jakeessa 3 ja valtakuntaan "pääsemisen" välillä jakeessa 5. Jae 3 osoittaa, että Jumala antaa hengellisen näkemisen lahjan, kun ihminen syntyy uudesti – kun Henki uudesti synnyttää hänet. Tämä on se hetki, kun ikuinen kohtalomme muuttuu ja alamme nähdä asioita "Jumalan tavalla" ja kun meissä alkaa kasvaa nälkä hengellisiä asioita kohtaan.

Jae 5 kuitenkin osoittaa, ettei Jumalan tahto ole ainoastaan, että saamme kyvyn "nähdä" hänen valtakuntansa, vaan että saamme myös kyvyn "päästä" syvälle sisään siihen – maistaa sitä, nauttia siitä ja elää siinä. Juuri tämä valtakuntaan sisään pääsy synnyttää mahdollisuuden voittaa synti, saada voima todistaa ja kasvaa Kristuksen kaltaisuuteen (vaikkakaan se ei

Evankeliointi ja Henki

toteuta niitä välittömästi). Se saammeko nämä asiat vai emme, riippuu kuuliaisuudestamme ja siitä, elämmekö jatkuvasti Hengessä, mutta mahdollisuutta niiden saamiseen ei synny, jos emme ensin pääse Jumalan valtakuntaan.

Uudestisyntyminen on täysin Pyhän Hengen työtä. Hän on uudesti synnyttäjä, joka toimii aktiivisesti maailmassa ja ei-uskovien parissa. Johanneksen evankeliumin jae 16:8 osoittaa, että hän näyttää maailmalle todeksi synnin, vanhurskauden ja tuomion (vrt. v. 1938 käännös), ja kohdat Joh. 3:1-8, Room. 8:1-14 ja 1. Kor. 2:10-14 tekevät selväksi, että kristityksi on yksinkertaisesti mahdotonta tulla ilman Hengen työtä.

Kukaan ei voi itse päättää uudestisyntymistään eikä kukaan voi itse saada sitä aikaan. Kukaan ei tiedä, milloin se tapahtuu, ja jotkut eivät edes tiedosta tai ymmärrä sitä silloin, kun se on tapahtumassa. Tiedämme vain kun se on tapahtunut, koska huomaamme silloin uskovamme asioita, joita emme koskaan aiemmin kyenneet uskomaan. Kaiken tämän *saa aikaan* Henki sellaisella tavalla, jonka Jeesus kuvailee Johanneksen evankeliumin jakeessa 3:8. Se on hänen työtään, ei meidän.

Tätä evankelistista *kumppanuutta* Hengen kanssa tarkasteltiin jo osassa 1. Kuninkaan sanansaattajina on meidän vastuullamme tavoittaa kadotettuja evankeliumilla ja ohjata heitä Kristusta kohti. Uuden elämän luominen ja ei-uskovien uudesti synnyttäminen on kuitenkin Hengen vastuulla.

Meillä on todellinen rooli tuossa kumppanuudessa. Kuten Johannes Kastajasta kerrotaan jakeessa Luuk. 1:16 ja Paavalista Apostolien tekojen kohdissa 9:35, 11:21 ja 26:18-20, meidätkin on lähetetty maailmaan, jotta kadotetut voisivat kääntyä pimeydestä valoon ja saatanan luota Jumalan puoleen.

Mutta aivan kuten eivät ensimmäisetkään kristityt, emme mekään kykene tekemään tätä ilman Hengen voimaa. Meidän tulisi levittää hyvää sanomaa täysin turvaten Henkeen, joka on ainoa, joka voi tehdä hengellisesti sokeiden silmät näkeviksi, avata hengellisesti kuurojen korvat, lämmittää hengellisesti kylmien sydämet ja saada hengellisesti ylpeät nöyrtymään.

Kadotettujen tavoittaminen

Efesolaiskirjeen jae 2:1 osoittaa, että ihmiset jäävät hengellisesti kuolleiksi, ellei Henki tuo elämää, ja 1. Korinttolaiskirjeen jakeet 2:4–5 paljastavat, että ilman selkeää Hengen ilmenemistä niiden usko, jotka uskovat, lepää ihmisviisauden pikemmin kuin Jumalan voiman varassa.

Tässä on kyse todellisesta kumppanuudesta, sillä Henki on yhtä lailla riippuvainen meistä kuin me hänestä. Me emme kykene käännyttämään ketään, ja hän on valinnut vetää ihmisiä Kristuksen luo opetuslasten kautta. Jos Henki toimisi yksin ihmisten kääntymisessä, meidän tehtäväksemme ei jäisi tehdä muuta kuin rukoilla. Koska hän kuitenkin toimii opetuslasten kautta, meidän täytyy ahkeroida lujasti oman osuutemme eteen voidaksemme varmistaa, että sanamme, tekomme ja elämämme ovat merkityksellisiä, uskottavia ja Kristuksen kaltaisia.

Henki ja johdatus

Apostolien teoissa kerrotaan, kuinka alkuseurakunnan evankeliointi oli Pyhän Hengen johtamaa ja ohjaamaa. Tätä tarkastellaan läpi koko kirjan *Jumalan tunteminen*.

Vaikka jokainen Jumalalta tuleva ilmoitus onkin pohjimmiltaan Jumalan ilmoitus itsestään ja vaikka kuuntelemmekin häntä ensisijaisesti syventääksemme sudettamme häneen, Jumala silti puhuu meille myös Hengen kautta: hän paljastaa, mitä hän on tekemässä, jotta me voisimme pysyä hänen tahdissaan.

Sanansaattajina meidät on kutsuttu välittämään evankeliumia yleisesti kaikille ympärillämme oleville ihmisille. Suuri osa johdatustamme on siis perin pohjin *luonnollista*. Kun Paavali saapui Tessalonikaan, Apostolien tekojen jakeessa 17:2 kerrotaan, että hän meni "tapansa mukaan" suoraan synagogaan. Tämän jälkeen hän vietti sitten seuraavat kolme viikkoa keskustellen juutalaisten kanssa kirjoituksista ja Jeesuksesta. Paavali ei tarvinnut erityistä Hengen johdatusta mennäkseen paikkaan, jossa hän varmasti tapaisi Jumalaan uskovia ihmisiä.

Evankeliointi ja Henki

Apostolien tekojen kohdassa 3:1-4:4 taas kerrotaan siitä, kuinka useat tuhannet ihmiset kääntyivät sen seurauksena, kun Pietari ja Johannes jakoivat evankeliumin eräälle tarvitsevalle ihmisille matkallaan tavanomaiseen rukoushetkeen. Henki kuitenkin johtaa opetuslapsia joskus myös *yliluonnollisella* tavalla – näkyjen, profetioiden ja hengellisten lahjojen kautta. Tämä havaitaan esimerkiksi kohdissa Ap. t. 8:26-39, 9:10-19, 10:1-16, 13:2 ja 16:6-10. Tätä käsitellään perusteellisesti kirjassa *Jumalan tunteminen*.

Hengen johdatus on usein myös *yhteisöllistä*. Vaikka Pietari ja Paavali olivat kokeneet henkilökohtaista johdatusta viedä evankeliumi pakanoille, he alistivat ymmärryksensä koko Jerusalemin seurakunnalle. Samankaltaista toimintaa voidaan havaita myös Apostolien tekojen jakeessa 13:2, jossa siitä huolimatta, että Henki oli jo kutsunut Paavalin ja Barnabaksen työhön, he eivät ryhtyneet mihinkään ennen kuin koko Antiokian seurakunta oli tullut yhteen.

Jeesus opetti Pietarille erittäin tärkeän opetuksen evankelisesta johdatuksesta, kun hän ensimmäisen kerran kutsui tämän opetuslapseksi. Luukkaan evankeliumin kohdassa 5:1-11 asetetaan vastakkain Pietarin epäonnistunut kalastamisyritys (joka perustui hänen laajoihin tietoihinsa järvestä ja hänen moniin kokemuksiinsa kalastamisesta) ja hänen ihmeellinen menestymisensä, kun hän noudatti Jeesuksen ohjeita.

Monet ihmisten toimivat herkeämättä evankeliointityössä omassa voimassaan ja omilla kokemuksillaan, mutta – kuten Pietari – he olisivat paljon tehokkaampia miesten ja naisten kalastajia, jos he käyttäisivät enemmän aikaa Jumalan kuuntelemiseen, Jumalan erityisen tahdon selvittämiseen ja sen noudattamiseen täydellisesti. Hengen tehtävä on paljastaa Jumalan erityinen tahto meille – ja sitten ihmeellisellä tavalla varustaa meidät kaikella, mitä tarvitsemme tuon tahdon toteuttamiseen.

Osa 9

Evankeliointi ja rukous

Tiedämme, että meidät on kutsuttu turvautumaan – tietoisesti ja täysin – Jumalaan kaikissa elämämme asioissa. Aina kun emme turvaudu häneen, turvaudumme väistämättä itseemme – ja se on tuhon tie.

Jumalaan turvautumiseen liittyy rukousta. Sanansaattajina meidät on lähetetty vihamieliseen maailmaan evankeliumin kanssa, ja evankeliointiin liittyykin aina voimakasta hengellistä sodankäyntiä, sillä tämän maailman jumala on kaiken sen lannistamisen takana, jota joudumme kohtaamaan. Toisen Korinttolaiskirjeen jae 4:4 opettaa, että hän sokaisee ei-uskovien mielet, niin että he eivät näe evankeliumin valoa.

Aina kun kehotamme ihmisiä kääntymään Jumalan puoleen, taistelemme näkymättömiä demonisia olentoja vastaan. Paavali tekee tämän selväksi läpi koko Efesolaiskirjeen luvun 6. Jakeessa 6:18, sen jälkeen kun Paavali on rohkaissut meitä pukemaan Jumalan taisteluvarustuksen yllemme, hän osoittaa, että rukous on tuon taisteluvarustuksen tärkein tarkoitus. Rukous ei ole yksi tuon taisteluvarustuksen osista, tai muuten Paavalin vertauskuva murenisi. Rukous tekee meidät kykeneviksi käyttämään Jumalan taisteluvarustusta, sillä rukous on hengellinen taistelukenttämme.

Jesajan kirjan jakeissa 59:15–19 Herra oli niin tyrmistynyt siitä, ettei ollut ketään, joka olisi puuttunut asioihin, että hän päätti itse puuttua niihin. Mutta ennen kuin hän teki niin, hän puki ylleen henkilökohtaisen taisteluvarustuksensa. Juuri tämä on se jumalallinen taisteluvarustus, jonka Henki antaa meille, kun rukoilemme Hengessä.

Paavali jatkaa seuraavaksi (jakeissa 6:19–20) pyytämällä lukijoitaan käyttämään taisteluvarustustaan ja kamppailemaan

Kadotettujen tavoittaminen

rukouksessa hänen puolestaan, niin että Pyhä Henki antaisi hänelle oikeat sanat (voidellut sanat) ja että hän voisi rohkeasti julistaa evankeliumia. Paavali tiesi, että oli typerää yrittää evankelioida ketään ilman Hengen innoittamaa, Hengen mahdolliseksi tekemää, Hengen varustamaa ja Hengen valtuuttamaa rukoustukea. Kohta 2. Kor. 10:3–5 painottaa tämän tärkeyttä.

Ilman suurta määrää esirukousta emme voi odottaa näkevämme sitä, että kadotetuista tulee sitoutuneita opetuslapsia. Yksinkertaisesti sanottuna on hyvin epätodennäköistä, että saisimme nähdä kärsivien paranevan ja kadotettujen pelastuvan, jos emme rukoile sinnikkäästi ja lakkaamatta. Tätä käsitellään läpi koko kirjan *Toimiva rukous*.

Evankelioiva rukoileminen

Uusi testamentti paljastaa, että apostoli Paavali oli suuri rukouksen mies. Hänen kirjeensä ovat täynnä rukouksia hänen lukijoidensa puolesta, hänen lukijoidensa rukouspyyntöjä sekä opetusta rukouksesta. Raamattu myös osoittaa, että Paavali suhtautui intohimoisesti evankeliointiin. Meidän ei tulisikaan siis yllättyä siitä tiedosta, että suurin osa hänen muistiin kirjoitetuista rukouspyynnöistään ja rukouksistaan koskevat tehokkaan evankelioinnin helpottumista.

Roomalaiskirjeen jae 10:1 kertoo, mikä Paavalin hartain toive juutalaisille oli. Tämä jae ei opeta mitään hänen rukouksensa sisällöstä, vaan se pikemminkin paljastaa hänen rukouksensa *tarkoituksen*. Kyseinen jae rohkaisee palavaan evankelioivaan rukoukseen, mutta siinä ei annetta meille mallirukousta, jota käyttää.

Kuten myöhemmin havaitaan, vaikuttaa siltä, että Paavali rukoili ja pyysi rukousta oman palvelutyönsä puolesta rukoilemalla, että esteet, jotka estivät häntä evankelioimasta, poistettaisiin ja että hän olisi varustettu, täynnä virtaa ja motivoitunut todistamaan vielä tehokkaammin.

Tästä voidaan päätellä, että aina kun me todella haluamme jonkun pelastuvan, meidän täytyy taistella rukouksessa

Evankeliointi ja rukous

saadaksemme aikaan tuon henkilön pelastumisen. Paavalin tavoin mekin vietämme silloin pitkiä aikoja rukouksessa, jotta tuo henkilö voisi pelastua. Meidän tulisi kuitenkin pyrkiä tavoittamaan kaikkein tehokkain tapa rukoilla, jolla tuon henkilön pelastuminen saadaan aikaa. Paavalin kirjeet antavat ymmärtää, että tehokkaalla evankelioivalla rukouksella on usein kaksi selkeää ominaisuutta:

♦ siinä rukoillaan sanansaattajien puolesta, jotta he olisivat motivoituneita, valtuutettuja ja varustettuja

♦ siinä rukoillaan niiden esteiden poistamiseksi, jotka ovat pelastumisen tiellä.

Rukoukset ihmisten varustamiseksi

Apostoli Paavali pyysi usein rukousta sen puolesta, että hän pysyisi turvassa sellaisissa tilanteissa tai pelastuisi sellaisista tilanteista, jotka estivät evankeliumin julistamista.

Hän esimerkiksi pyysi rukousta, että:

♦ hän varjeltuisi pahoilta ihmisiltä – 2. Tess. 3:1–2

♦ hän pelastuisi joutumasta uskottomien käsiin – Room. 15:31 (v. 1938 käännös)

♦ hän pelastuisi kuolemanvaarasta – 2. Kor. 1:9–11

♦ kaikki menisi hyvin vankilassa – Fil. 1:19–20

♦ hänet vapautettaisiin vankilasta erityisenä suosionosoituksena – Filem. 22

♦ suljettu ovi avautuisi – Kol. 4:3.

Kaikissa näissä jakeissa Paavali pyysi rukousta sen puolesta, että hän voisi todistaa entistä tehokkaammin. Hän ei pyytänyt vihamielisyyksien loppumista vaan turvaa julistamiseen vaikeuksien keskellä. Tästä voidaan päätellä, ettei meidänkään tulisi pyytää helppoa elämää evankelioivissa rukouksissamme. Sen sijaan meidän tulisi pyrkiä ottamaan selville, mitä Jumala haluaa tehdä maailmassaan. Meidän tulisi keskittyä hänen työhönsä eikä

Kadotettujen tavoittaminen

antaa meitä ympäröivien tapahtumien harhauttaa meitä sivupoluille.

Toisen Tessalonikalaiskirjeen jakeissa 3:1–2 Paavali pyysi rukousta sen puolesta, että ei-uskovat ottaisivat hyvin vastaan hänen sanomansa. Roomalaiskirjeen jakeissa 15:30–32 hän taas pyysi rukousta sen puolesta, että Jerusalemin uskovat ottaisivat hyväksyen hänen sanomansa vastaan. Tämä on mahdolliseksi tekevää ja asioita helpottavaa rukousta.

Kohdissa Ef. 6:19–20 ja Kol. 4:3–4 Paavali pyysi rukousta sen puolesta, että hän olisi peloton ja rohkea. Hän halusi puhua hyvää sanomaa sellaisella tavalla kuin sitä kuuluu puhua. Hän tiesi tavallisen olotilansa olevan "pelokas ja vapiseva" ja ettei rohkeus ollut hänelle luonnostaan ominaista. Jos Paavalikin kerran tarvitsi rukousta sen puolesta, että hän voisi olla rohkea, kuinka paljon enemmän meidänkin tulisi pyytää samaa omissa rukouksissamme!

Roomalaiskirjeen kohdassa 15:22–32 Paavali vielä pyysi rukousta sen puolesta, että hän saisi mahdollisuuden matkustaa Roomaan. Hän pyysi tätä, jotta hän voisi viedä Kristuksen siunauksen Roomaan. Jos Jumala antaa meille samankaltaisen taakan jostakin paikasta, meidän tulisi pyytää häneltä samankaltaisella tavalla tilaisuutta päästä välittämään hänen sanomansa.

Nämä rukouspyynnöt tarjoavat selkeitä ohjeita siihen, kuinka rukoilla kadotettujen puolesta. Paavalin tavoin mekin tiedämme Jumalan tahdon olevan, että kaikki ihmiset pelastuisivat. Meidän ei tarvitse taivutella vastahakoista Jumalaa pelastamaan heitä. Sen sijaan meidän tulisi rukoilla, että:

- ♦ me saisimme voimaa voittaa kaikki kahlitsevat olosuhteet, jotka estävät meitä todistamasta
- ♦ me olisimme täynnä rohkeutta puhua Jumalan sanaa
- ♦ me saisimme tilaisuuksia todistaa
- ♦ Henki valtuuttaisi sanamme ja kuulijamme ottaisivat ne vastaan

Evankeliointi ja rukous

◆ Henki näyttäisi kuulijoillemme toteen heidän syntinsä ja tarpeensa.

Jos meillä on taakka jostakin tietystä pelastumattomasta henkilöstä tai ihmisryhmästä, tehokkaita tapoja heidän pelastumisensa puolesta rukoilemisille ovat se, että:

◆ kuuntelemme Jumalaa saadaksemme selville, ketä opetuslasta/opetuslapsia hän haluaa käyttää sydämellämme olevan henkilön / olevien henkilöiden tavoittamiseksi

◆ rukoilemme sinnikkäästi nimenomaan sitä, että Jumala varustaisi tuon/nuo opetuslapsensa ja valtuuttaisi hänen/heidän sanansa armollaan ja mielisuosiollaan.

On tietenkin selvää, että Jumala kunnioittaa aina vilpittömiä motiivejamme, kun rukoilemme yksinkertaisesti: "Ole kiltti ja pelasta kadotetut." Tämänkaltaiset rukoukset eivät koskaan ole ajanhukkaa – mutta ne ovat laiska vaihtoehto! Jumala haluaa meidän jatkavan sitkeästi rukouksessa, etsivän hänen tahtoaan eri tilanteisiin ja sitten taistelevan rukouksissa hänen tahtonsa olemassa olevaksi.

Paavalin kirjeet sisältävät useita rukouksia uskovien varustamisen puolesta. Hän esimerkiksi rukoilee, että:

◆ Jumala antaisi heille juuri sen tiedon, jota he tarvitsevat – Ef. 1:17–18, 3:18; Kol. 1:9–10; Room. 10:1–4; Fil. 1:9–10 ja Filem. 6

◆ Jumala antaisi heille juuri ne voimat, joita he tarvitsevat – Ef. 3:16; Kol. 1:11 ja 1. Tess. 3:13

◆ Jumala täyttäisi heidät rakkaudellaan – Ef. 3:17; Fil. 1:9 ja 1. Tess. 3:12

◆ Jumala tekisi heistä puhtaita ja nuhteettomia – 2. Kor. 13:9; Fil. 1:10; 1. Tess. 3:13 ja Kol. 1:10

◆ he eläisivät tavalla, joka heijastaa Jumalan luonnetta ja ajatuksia – Kol. 1:10 ja 2. Tess. 1:11

◆ he kantaisivat hyvien tekojen hedelmää, kertoisivat

Kadotettujen tavoittaminen

aktiivisesti uskostaan ja olisivat Jumalan kirkkauden ilmentymiä – Kol. 1:10; 2. Tess. 1:11–12 ja Filem. 6.

Rukoukset esteiden poistumiseksi

Kirjoissa *Toimiva rukous* ja *Palveleminen Hengessä* havaitaan, kuinka Jeesus otti tavallisen juutalaisen sanonnan "siirtää vuorta" ja antoi tuolle sanonnalle uuden voiman ja merkityksen. Kyseinen sanonta pohjautuu Jesajan kirjan jakeisiin 40:1–5, joissa profeettaa käskettiin valmistamaan tie Herralle. Yksi Jesajan tehtävistä oli kaataa kumoon vaikeuksien vuoret, jotka estivät ilmoitusta Jumalan kirkkaudesta leviämästä laajalle. "Vuorien siirtämiseen" viitataan myös Jesajan kirjan kohdassa 2:11–16, ja sen vastineeseen "juuriltaan kitkemiseen" Valitusvirsien kohdassa 3:65–66. Sama ajatus esiintyy myös Sakarjan kirjan jakeessa 4:7.

Kun idän kuningas halusi menneinä aikoina matkustaa valtakuntansa kaukaisiin kolkkiin, hän lähetti noin puoli vuotta/ vuoden ennen matkaansa joukon miehiä valmistamaan tien. Nämä miehet valmistivat hyviä siltoja, muokkasivat tiet kuntoon, nostivat puita juurineen maasta ja tekivät yleisesti kaiken voitavansa sen varmistamiseksi, että kuningas voisi matkata ja saapua perille mahdollisimman helposti ja sujuvasti.

Johannes Kastaja oli se, joka valmisti tien Herralle, ja niin olivat myös Luukkaan evankeliumin luvun 10 opetuslapset. Nämä menivät Kristuksen edellä pareittain kaikkiin niihin paikkoihin, joissa hän aikoi myöhemmin käydä. Jeesus opetti esteiden poistamisesta tien valmistamiseksi Jumalan Sanalle ja kirkkaudelle kohdissa Matt. 17:20; Mark. 11:22–24 ja Luuk. 17:5–6.

Kirjassa *Elävä usko* selvitetään, että Markuksen evankeliumin jae 11:22 on yksi suuresta joukosta Uuden testamentin jakeita, joissa viitataan Jumalan henkilökohtaiseen uskoon. Parhaiten se kääntyisi suomenkielelle sanoilla "omistaa Jumalan usko".

Kohdat Matt. 17:20 ja Luuk. 17:5–6 osoittavat, että me emme tarvitse paljon uskoa siirtääksemme vuoria rukouksessa – riittää, että uskomme on aitoa. Jumalan henkilökohtainen

Evankeliointi ja rukous

usko on ehdotonta. Hän on täydellisen itsevarma. Hän tietää voivansa tehdä kaiken, mitä hän haluaa tehdä. Mikään este ei ole liian suuri hänelle. Tehokas esteitä poistava rukous ei ole mahdotonta meillekään – kunhan vain ensin olemme saaneet ripauksen hänen uskoaan.

Nämä kolme raamatunkohtaa antavat ymmärtää, että esteitä poistavaan rukoukseen liittyy viisi vaihetta.

1. Tunne Jumalan tahto

Tämänkaltainen rukoileminen on ajanhukkaa, jos emme ole ehdottoman varmoja Jumalan tahdosta. Meidän todellakin täytyy viettää aikaa kuunnellen häntä, jotta voisimme saada *hänen* antamansa tiedon siitä, mitkä ovat juuri ne esteet, jotka estävät sitä henkilöä pelastumasta, jota pyrimme tavoittamaan.

Meidän täytyy kysyä Isältä, mitkä olosuhteet, tekijät, ihmiset, asenteet jne. estävät Jumalan työtä kasvamasta jossakin henkilössä. Jokaisesta evankeliumien kohdasta nousee esiin jokin eri poistettava este, ja näitä käsitellään kirjassa *Toimiva rukous*.

2. Ota vastaan Jumalan usko

Ihmisten usko on riittämätöntä esteitä poistavaan rukoukseen. Me tarvitsemme Jumalan antamaa varmuutta siitä, että niin myös tapahtuu. Kun Henki antaa meille Jumalan uskoa, me pystymme pitämään estettä jo poistettuna.

Juuri tämä erottaa toisistaan heikon toivon, että jotakin saattaa tapahtua (esim. "Minä uskon (mutta en ole ihan varma), että Ville tulee tänään"), ja varman tiedon, että jotakin tapahtuu (esim. "Minä uskon (hän on luvannut minulle ja tuolla hän käveleekin minua kohti), että Ville tulee tänään").

3. Ilmoita Jumalan järjestys

Edellä mainituissa jakeissa ei sanota "jos joku rukoilee minua" vaan "jos joku sanoo tälle vuorelle". Tämä rukous on kohdistettu esteelle, ei Isälle. Tällaisista rukouksista, jotka ovat

Kadotettujen tavoittaminen

"profeetallisia ilmoituksia", opitaan lisää kirjassa *Palveleminen Hengessä*.

Tämä toimeenpaneva arvovalta, jonka Kristus antoi opetuslapsille Luukkaan evankeliumin jakeissa 10:1-16, kuuluu meille tänään. Käytännön tasolla tämä tarkoittaa sitä, että jos Jumala paljastaa, että jonkun henkilön kääntymyksen tiellä oleva este on "Kari", kyyninen työtoveri, voisi olla oikein rukoilla *yksityisesti* seuraavalla tavalla: "Kari, Jeesuksen nimessä, käsken, että lakkaat olemasta evankeliumin esteenä."

4. Ole kestävä rukouksessa
Näissä jakeissa käytetty kreikan kielen aikamuoto merkitsee, että meidän tulee lakkaamatta, yhä uudelleen sanoa esteelle: "Nouse paikaltasi ja paiskaudu mereen!" Tämä ei ole vain yhden kerran annettava käsky. Kuten aina rukoillessa, meiltä vaaditaan kestävyyttä.

5. Jatka rukoilemista, kunnes jokin näkyvä lopputulos saavutetaan
Ilmausten "se myös tapahtuu", "se siirtyisi" ja "se tottelisi teitä" rakenne korostaa sitä, että niiden toteutuminen on varmaa. Luukas käyttää kreikan kielen aikamuotoa, joka viittaa aikaan ennen käskyn antamista, esimerkiksi: "se olisi totellut". Tämä korostaa sitä tosiseikkaa, että tällaiseen esteitä poistavaan rukoukseen todellakin saadaan näkyvä vastaus.

Kun tunnemme Jumalan tahdon, otamme vastaan Jumalan uskon ja jatkamme Jumalan arvovaltaisen järjestyksen julistamista, lopputuloksesta ei ole mitään epäselvyyttä. Korkeinkin vuori, syvimpäänkin juurtunut puu, kaikista järkähtämättömin este – ne kaikki siirtyvät syrjään. Sokeat näkevät, kadotetut löydetään, tie raivataan auki Jumalan kirkkaudelle.

Opetuslasten rooli rukouksessa
Aina kun rukoilemme evankelioinnin puolesta – joko että Jumala innoittaisi ja varustaisi sanansaattajiaan tai että este

Evankeliointi ja rukous

postuisi – meidän tulee muistaa, että Jumala on antanut meille useita toisiaan täydentäviä rooleja rukouksessa.

Rukoilemme esimerkiksi taivaan valtakunnan kansalaisina, jotka ovat kuninkaiden kuninkaan arvovallan alla, sekä vapauttajina, jotka riemuitsevat Jeesuksen nimessä. Koska Jeesus on jokaisen sellaisen tilanteen oikeutettu hallitsija, joka tuodaan Jumalalle rukouksessa, meidän tulisi rukoilla *arvovallalla* – erityisesti suhteessa saatanaan ja pahuuden voimiin.

Rukoilemme kuitenkin lisäksi myös sairaina ihmisinä, jotka on tehty eheiksi, syntisinä, jotka on vanhurskautettu ja palvelijoina, jotka tietävät voivansa rukoilla vain siksi, koska heillä on Jeesuksen lakkaamaton rukoustuki taustallaan. Usein on esimerkiksi niin, että meidän täytyy ensin itse parantua ennen kuin voimme tarjota parantumista muille tai että meidän täytyy ensin itse saada anteeksianto ennen kuin voimme johtaa jonkun toisen tekemään parannusta. Meidän tulisikin siksi rukoilla *nöyryydellä* – erityisesti silloin, kun rukoilemme syntisten puolesta.

Rukoilemme myös Jeesuksen seuraajina ja muiden esikuvina, jotka Jeesuksen täydellinen ihmisyys on tuonut kohti täydellisyyttä, kun meidät täytetiin hänen Pyhällä Hengellään ja koska hänen Pyhä Henkensä ohjaa meitä. Kun noudatamme *Parakletoksen* kehotuksia, rukoillemme Jeesuksen myötätunnolla, huolella ja kyynelillä ja meistä tulee enemmän hänen kaltaisiaan siinä, että mekin tulemme hänen laillaan kärsivien ihmisten vierelle. Sen tähden meidän tulisi rukoilla *myötätunnolla* ja *ymmärryksellä* – erityisesti elämän arkisten ongelmien puolesta.

Lisäksi rukoilemme uskovina, jotka ovat itse Jeesuksen työn hedelmää, ihmisinä, jotka ovat saaneet hänen elämänsä ja lapsina, jotka ovat syntyneet uudesti ja jotka on otettu hänen perheeseensä. Tiedämme, että Jumala voi tehdä tätä täysin samaa myös muissa, joten voimme rukoilla *varmuudella* – erityisesti niiden puolesta, jotka tuntuvat olevan niin kaukana Jumalasta kuin mekin kerran olimme.

Kadotettujen tavoittaminen

Rukouksen huolenaiheet

Ajan kuluessa ajaudumme helposti siihen, että rukoilemme aina vain muutamien harvojen lempiaiheidemme puolesta. Meidän kaikkien tulisi kuitenkin pyrkiä säilyttämään monipuolinen lähestymistapa rukoukseen – sellainen, jossa otamme huomioon suuren joukon eri huolenaiheita, aivan kuten voidaan havaita Isä meidän -rukouksessa.

Esimerkiksi valtakunnan tulisi olla tärkeä huolenaihe rukouksissamme. Meidän tulisi rukoilla, että Jeesus hallitsisi kaikkia elämämme osa-alueita ja että vielä useammat uskovat olisivat täysin kuuliaisia hänelle. Lisäksi meidän tulisi julistaa hänen täydellistä voittoaan tilanteissa, jotka eivät tällä hetkellä ole sellaisia kuin niiden pitäisi olla.

Kristillisen palveluksen tulisi olla toinen huolenaihe rukouksissamme. Meidän tulisi rukoilla, että Jumala täyttäisi syntisten, sairaiden, mieleltään sairaiden, kodittomien, kärsivien, epämiellyttävien ihmisten jne. tarpeet. Esirukouksillamme emme tietenkään vieritä täyttä vastuuta näistä aiheista Jumalalle, vaan kun rukoilemme palveluksen puolesta, meidän tulisi aina myös samalla pyytää, että hän antaisi meille voimaansa, jotta me voisimme palvella niitä tarpeita, joiden täyttämiseen meille on annettu keinot.

Lisäksi meidän tulisi rukoilla niiden ongelmien puolesta, jotka aiheuttavat todellista huolta kadotetuille – velkojen, sosiaalisen syrjäytymisen, työttömyyden jne. puolesta. Ja meidän tulisi rukoilla, että meistä tulisi enemmän Jeesuksen kaltaisia ja että ymmärryksemme, myötätuntomme, kärsivällisyytemme, ystävällisyytemme ja ilomme voisi kasvaa.

Ennen kaikkea meidän tulisi kuitenkin keskittyä rukouksissamme Jumalaan itseensä ja viettää aikaa kunnioittaen, ylistäen ja rakastaen häntä hänen itsensä tähden.

Meidän tulisi haluta nähdä rukousvastauksia, jotta hänen nimensä tulisi kirkastetuksi. Meidän tulisi pyrkiä siihen, että Jumala olisi ylpeä lapsistaan ja että Jeesus olisi innoissaan morsiamestaan. Meidän tulisi olla huolissamme siitä, että

Evankeliointi ja rukous

jotkut uskovat eivät ole saaneet Hengen voitelua ja että toiset eivät elä Jumalan voiman täyteydessä. Lisäksi rukoustemme tulisi heijastella Jumalan huolta hänen rakkaan *kosmoksensa* tilasta ja siitä välinpitämättömyydestä, jota niin monet ihmiset kokevat Luojaansa ja Lunastajaansa kohtaan.

Rukouksen sisältö
Vaikka rukous kohdistuukin pohjimmiltaan "Jumalan suuntaan", suurin osa evankelioivista rukouksistamme koskee ihmisiä. Meidän onkin syytä pohtia tarkkaan, kuinka meidän tulisi heidän puolestaan rukoilla.

Jokaisella on vihollinen, ja tärkein roolimme rukouksessa on vapauttaa sidotut. Ristillä Jeesus periaatteessa mursi sen vallan, joka saatanalla on koko ihmiskuntaan ja jokaiseen tilanteeseen nähden, mutta jäi meidän tehtäväksemme lunastaa ja saattaa voimaan tuo voitto. Tätä juuri teemme rukouksessa.

Jotkut niistä ihmisistä, joita pyrimme tavoittamaan, ovat selvällä tavalla pahan otteessa. He saattavat esimerkiksi olla alkoholin, huumeiden tai materialismin kahleissa. Kun rukoilemme heidän puolestaan, saatamme joutua rukoustemme lisäksi myös paastoamaan. Tätä tarkastellaan kirjassa *Toimiva rukous*.

On myös monia muitakin tilanteita, joissa paholainen ilmiselvästi toimii ja vaikuttaa. Siksi meidän tarvitseekin joskus rukoilla jonkin ystävän puolesta, että tämä pääsisi yli ahdistuksesta, pystyisi vastustamaan kiusausta tai valitsisi vanhurskauden. Rukouksessa julistamme Jeesuksen voittoa, puhumme vastustuksen sanoja sekä nuhtelemme paholaista ja käskemme häntä lähtemään pois tilanteesta.

Me kaikki tiedämme seikkoja, joissa kristityt ystävämme ovat kaikkea muuta kuin täydellisiä. Jeesus ei käytä aikaa sanansaattajiensa kritisointiin – eikä tulisi meidänkään. Heprealaiskirjeen jae 7:25 osoittaa, että Jeesus sen sijaan rukoilee heidän puolestaan. Kun koemme kiusausta kritisoida muita, meidän tulisi yhtyä Jeesuksen rukouksiin ja rukoilla, että heistä voisi tulla tehokkaampia todistajia.

Kadotettujen tavoittaminen

Meidän tulisi rukouksessa anoa Pyhää Henkeä saamaan joku henkilö vakuuttuneeksi jostakin tietystä synnistä ja kehottaa Jeesusta täyttämään kyseinen henkilö ylitsepursuavasti tietoudella siitä, kuinka suurta surua heidän asenteensa tai tekonsa Isälle aiheuttavat.

Tunnemme kaikki myös sellaisia henkilöitä, jotka tarvitsevat jonkinlaista parantumista, olipa se sitten fyysistä tai henkistä. Jotkut ihmiset kärsivät kuumeesta, toisia taas kuumottavat heidän pahat tekonsa. Muutamat harvat ihmiset ovat halvaantuneita, toiset taas ovat varmoja siitä, etteivät kykene tekemään mitään. Muutamilla ihmisillä on ihosairauksia, mutta useat muut ihmiset ajattelevat olevansa kammottava näky. Jotkut ihmiset ovat sokeita, kun taas jotkut toiset kokevat joutuvansa aina haparoimaan pimeydessä. Monet ihmiset ovat kuuroja, ja vielä useammat ovat vakuuttuneita siitä, etteivät kykene kuulemaan Jumalaa selvästi. Muutamat harvat ovat rampoja, ja jotkut nilkuttavat muuten vain jotenkuten eteenpäin hengellisessä elämässään. Jeesus voi parantaa heidät kaikki. Hän voi tuoda eheyden heille kaikille. Hän voi tavoittaa heidät, jos he ovat kadotettuja, ja hän voi vapauttaa heidät evankeliumin työhön, jos he ovat pelastettuja.

Meidän tulisi tuoda kaikki nämä ihmiset rukouksessa Jeesukselle ja jatkaa rukousta heidän puolestaan, kunnes rukouksiimme vastataan, kuten kohdassa Luuk. 11:8–10 annetaan ymmärtää – menipä siihen kuinka kauan aikaa tahansa.

Meillä on Ystävä, joka välittää syvästi langenneen ihmiskunnan kaikista kivuista – sekä yleisesti koko maailman kivuista että juuri meidän tuntemiemme ihmisten kivuista. Aina kun joku ystävä päästää meidät lähelleen, alamme väistämättä kantaa heidän huoliaan. Kun siis tulemme lähelle Jeesusta, tulisi olla luonnollista, että alamme rukoilla niiden huolien puolesta, joita hänellä on koskien omaa maailmaansa.

Rukoustemme tulisi heijastella Jeesuksen valtavaa rakkautta maailmaa kohtaan, hänen kaipaustaan uutta luomakuntaa

Evankeliointi ja rukous

kohtaan ja hänen suurta rakkauttaan yksittäisiä kadotettuja miehiä ja naisia kohtaan.

Meidän tulisi siis esimerkiksi rukoilla:

◆ Afrikan nälänhädän puolesta *ja* kadulla vastaan tulevan miehen puolesta, jonka oikea polvi aiheuttaa tälle kipua

◆ epäoikeudenmukaisten velkojen rampauttamien kansakuntien puolesta *ja* naapurimme vaikean avioliiton puolesta

◆ kaikkialla maailmassa olevien poliittisten vankien puolesta *ja* lähistöllämme asuvan naisen puolesta, jonka mies on vankilassa varkauden tähden

◆ kansakuntien puolesta, joissa on vallalla suuri halu omistaa aineellisia asioita, *ja* veljenpoikamme puolesta, joka on pian aloittamassa koulun

◆ niiden miljoonien ihmisten puolesta, jotka palvovat muita jumalia, *ja* että meidän omassa seurakunnassamme olisi enemmän pyhittäytymistä

◆ saastumisen, ilmastonlämpenemisen ja asekaupan loppumisen puolesta *ja* linja-autopysäkillä seisovan yksinäisen naisen puolesta, jonka luona ei koskaan käy yhtäkään vierasta.

Voimme jättää nämä asiat turvallisin mielin Jumalalle, sillä tiedämme, että hän todellakin kykenee huolehtimaan kaikkien 6,5 miljardin ihmisen tarpeista samanaikaisesti. Niin paljon kuin itse saatammekin haluta tavoittaa kadotettuja ja pelastaa maailman, voimme olla varmoja siitä, että se on vieläkin enemmän Jumalan polttava kaipaus, hänen suurin intohimonsa ja hänen lopullinen tavoitteensa.

Hengen rukoileminen

Edellä havaittiin, että juuri Pyhän Hengen voitelu oli merkittävin syy, joka vapautti opetuslapset evankelioimaan tehokkaasti, spontaanisti ja raamatullisella tavalla. Jos meidät on todella

Kadotettujen tavoittaminen

täytetty ja voideltu Hengellä, ei ole mitään rajoituksia sille, mitä Jumala voi meidän kauttamme tehdä.

Jos haluamme tavoittaa kadotettuja, jos haluamme julistaa hyvää sanomaa, osoittaa sen todeksi ja tuoda sen lihaksi, jos haluamme palauttaa raamatullisen innon evankelioida ja raamatullisen evankelioinnin mallin seurakuntaan, tarvitsemme Pyhää Henkeä enemmän kuin mitään muuta.

Sen tähden meidän täytyy oppia, kuinka voimme saada Hengen voitelun evankelioida kärsiviä ja kuinka voimme olla täynnä Jumalan voimaa julistaa sanomaa, tehdä hänen tekojaan ja elää hänen elämäänsä.

Parannuksen tekeminen
Ensinnäkin meidän täytyy tehdä parannusta kaikista tiedossa olevista synneistämme. Hengellä täyttyminen tarkoittaa sitä, että pyydämme häntä ohjaamaan ja johtamaan *jokaista* elämämme osa-aluetta – eikä tätä voida rukoilla uskossa, jos elämässämme on jokin osa-alue, jota emme ole antaneet hänelle.

Meidän täytyy antaa Hengen tutkia meitä, niin että hän voi nostaa esiin niitä elämämme osa-alueita, joiden täytyy muuttua. Emme tietenkään pysty itse tekemään itsestämme pyhiä, mutta voimme tehdä parannusta niistä asioista, jotka tuottavat surua Hengelle ja jotka estävät häntä täyttämästä meitä täysin hänen rakkaudellaan ja voimallaan.

Läpi vuosisatojen monet seurakuntien johtajat ovat ottaneet tavaksi kysyä säännöllisesti itseltään tiettyjä tutkiskelevia kysymyksiä. Voimme esimerkiksi kysyä itseltämme seuraavia asioita:

◆ Annanko tietoisesti tai tiedostamatta itsestäni sellaisen kuvan, että olen parempi kuin mitä todellisuudessa olen?

◆ Voidaanko minun luottaa tekevän, mitä olen luvannut tehdä?

Evankeliointi ja rukous

◆ Olenko totuudellinen kaikissa teoissani ja sanoissani vai liioittelenko?

◆ Kerronko muille sellaisia asioita, jotka on kerrottu minulle luottamuksellisesti?

◆ Olenko vaatteiden, tapojen, työn, ystävien tai harrastusten orja?

◆ Olenko itseriittoinen, itsesäälin vallassa tai omavanhurskas?

◆ Puhuuko Raamattu minulle?

◆ Nautinko rukoilemisesta?

◆ Onko Kristus todellinen minulle?

◆ Varaanko joka päivä aikaa Sanalle ja rukoukselle?

◆ Koska viimeksi puhuin jollekin ihmisille niin, että tarkoituksenani oli voittaa tuo ihminen Kristukselle?

◆ Luonko aitoja suhteita pelastumattomiin ihmisiin ja paljastanko Jumalan kirkkautta heille?

◆ Osaanko ottaa vastaan kritiikkiä ja oikaisemista?

◆ Käytänkö rahojani uskollisesti ja viisaasti?

◆ Onko elämässäni joku henkilö, jota pelkään, josta en pidä, jota kritisoin tai paheksun tai jonka sivuutan? Jos näin on, mitä pyrin tekemään asialle?

◆ Olenko antelias kaikella sillä, mitä minulla on?

◆ Jäänkö pyörittelemään mielessäni seksuaalisesti epäpuhtaita ajatuksia?

◆ Huolehdinko kehostani terveellisellä ruokavaliolla, runsaalla määrällä liikuntaa ja riittävällä unella?

◆ Olenko tottelematon Jumalalle jossakin asiassa?

◆ Kiitänkö Jumalaa siitä, etten ole niin kuin joku toinen?

Kadotettujen tavoittaminen

- Olenko lannistunut jollakin elämäni osa-alueella?
- Olenko ylpeä?
- Nurisenko ja valitanko paljon?
- Olenko valmis palvelemaan nimettömästi?
- Tarvitsenko kiitosta ja tunnustusta?
- Palvelenko toisia käytännöllisillä tavoilla?
- Joutuvatko muut ihmiset pettymään minuun?
- Olenko aidosti alamainen joillekin ihmisille?
- Turvaanko täysin Henkeen vai luotanko liiaksi omaan arviointikykyyni, kokemukseeni ja koulutukseeni?
- Kuuntelenko tietoisesti Jumalaa?
- Kaipaanko saada nähdä sitä, että kadotetut tulevat tavoitetuiksi ja maailma pelastetuksi?

Jos sinusta tuntuu siltä, että sait tuloksesi 0 %, se ei tarkoita sitä, ettetkö voisi täyttyä Hengellä – sillä hän on lahja, joka saadaan Jumalan armosta, ei siis palkkio, joka ansaitaan hyvästä käytöksestä! Henki voi kuitenkin käyttää edellä mainitun kaltaisia kysymyksiä näyttääkseen meille erityisiä tarpeita tai vajavaisuuksia ja johdattaakseen meitä tekemään parannusta joistakin tietyistä asioista. Aina kun teemme tietoisesti parannusta kaikista tiedossa olevista synneistämme, otamme aimo harppauksen kohti Jumalaa ja avaamme itsemme uudelleen hänen voitelulleen.

Kuuliaisuus
Meidän täytyy olla halukkaita tottelemaan Jumalaa *mihin tahansa* hän meitä johdattaakaan ja *millä tahansa tavalla* hän meitä päättääkään käyttää.

Raamatussa Hengen tulemisen yhteydessä saapuivat aina myös vaikeudet, vastoinkäymiset ja vastustus. Tämä havaitaan Vanhan testamentin profeettojen kohdalla, tämä havaitaan

Evankeliointi ja rukous

Kristuksen kohdalla ja tämä havaitaan alkuseurakunnan kohdalla. Siitä kun Henki tuli helluntaina opetuslapsiin, opetuslasten ongelmat todella vasta alkoivat!

Pian sen jälkeen heitä alettiin vangita, hakata, vainota ja kivittää, he joutuivat hajaantumaan ja heidät eristettiin muista, he kokivat haaksirikkoja, kylmyyttä, nälkää ja janoa ja he olivat uupuneita ja jatkuvassa vaarassa. Tätä Hengellä täyttyminen tarkoitti heidän kohdallaan. Mutta koska he olivat valmiita tottelemaan Jumalaa – riippumatta siitä, millaisen hinnan he joutuivat tässä elämässä maksamaan – Jumalan voima ja puhtaus tulivat jatkuvasti julki heidän kauttaan.

Monien nykyajan opetuslasten kohdalla tuntuu siltä, että he haluavat voimaan liittyvän jännityksen ja pyhyyteen kuuluvan loisteen mutta eivät ole valmiita maksamaan voimaan liittyvää hintaa tai kestämään pyhyyteen kuuluvaa kuumuutta. Totuus on, että he eivät todellisuudessa halua olla täysin Kaikkivaltiaan Jumalan Pyhän Hengen kyllästämiä.

Nälkä ja jano
Kirjassa *Jumalan hallintavalta* opitaan, että meidän täytyy olla nälkäisiä ja janoisia Jumalan puoleen ja että meidän täytyy janota saada elää vanhurskasta elämää hänen läsnäolossaan.

Se kun rukoilemme enemmän Pyhää Henkeä, ei saisi olla vain sellaisten hetkien heppoinen pyyntö, kun haluamme jotakin jännitystä elämäämme. Sen tulisi olla vakava rukous, jonka rukoilemme silloin, kun haluamme niin kovasti, että Jumala tulisi kirkastetuksi elämässämme, että todella koemme tuskaa omasta tyhjyydestämme ja voimattomuudestamme.

Olemme valmiita tulemaan täytetyiksi ja voidelluiksi Hengellä, kun janoamme kipeästi sitä, että Jumalaa kunnioitetaan Jumalana, että häntä palvotaan ja ihaillaan, rakastetaan ja palvellaan, seurataan ja totellaan – ja että tätä emme tee ainoastaan me itse vaan että tätä tekee koko maailma, kaikki kadotetut.

Saatamme tuntea itsemme heikoiksi ja riittämättömiksi, mutta Jeesus tulee armossaan luoksemme ja tarjoaa itsensä.

Kadotettujen tavoittaminen

Hänen kohdan Joh. 7:37-39 lupauksensa on ehdoton: kun vihdoin tulemme hänen luokseen ja alamme juoda, elämää antavan, terveyttä tuovan, elävän veden virrat alkavat virrata lävitsemme – ja kauttamme myös muille.

Jeesus puhui lupauksensa preesensissä, mikä tarkoittaa, että meidän täytyy pysyä janoisina, pysyä nälkäisiä, tulla aina uudelleen Jeesuksen luo ja juoda hänestä – silloin Hengen parantava virta jatkaa virtaamistaan meissä ja meidän kauttamme koetelluille ja kärsiville ihmisille.

Tällä hetkellä Jeesus hallitsee taivaassa. Eräänä päivänä kaikki ihmiset kumartuvat hänen edessään ja tunnustavat, että hän on Herra. Ennen tuota päivää meidät on kuitenkin lähetetty ja varustettu tavoittamaan kadotettuja sillä ilosanomalla, että hän on Herra.

Kristillisen aikakauden ensimmäinen evankelioiva sanoma, jonka Pietari lausui helluntaina (Ap. t. 2:32-36), päättyi kolminaisuusopillisella ilmoituksella: "Tämän Jeesuksen on Jumala herättänyt kuolleista; me kaikki olemme sen todistajia. Jumala on korottanut hänet oikealle puolelleen, ja hän on ottanut vastaan Isän lupaaman Pyhän Hengen lahjan ja vuodattanut sen, niin kuin te voitte nähdä ja kuulla..."

Tämä Pyhä Henki, jolta Jeesus sai voiman ja kyvyn evankelioida kärsiviä, on kaikki, mitä mekin tarvitsemme kadotettujen tavoittamiseksi. Tarvitsemme sitä, että hän täyttää ja valtuuttaa meidät, jos haluamme evankelioimme olevan raamatullista ja tehokasta. Tarvitsemme sitä, että hän ohjaa ja johtaa meitä, jos haluamme kyetä levittämään hyvää sanomaa paikkakunnallamme. Tarvitsemme sitä, että hän rohkaisee ja lohduttaa meitä, jos haluamme pysyä kestävinä, kun lannistaminen ja vastustus uhkaavat käydä liian ylivoimaisiksi meille. Me tarvitsemme häntä. Tarvitsemme Pyhää Henkeä.

Jumala ei ole muuttanut mieltään. Hän ei ole peruuttanut lupaustaan. Hän odottaa, että me, hänen valitut sanansaattajansa, tulemme Jeesuksen luo ilmeisen tarpeemme kanssa. Hän voitelee Pyhällä Hengellä ne, jotka

Evankeliointi ja rukous

sitä häneltä pyytävät, jotta voisimme olla hänen todistajiaan, hänen sanansaattajiaan kaikkialla, minne hän valitsee meidät lähettää pyhän evankeliuminsa kanssa.

www.ingramcontent.com/pod-product-compliance
Lightning Source LLC
Chambersburg PA
CBHW031113080526
44587CB00011B/950